Jürgen Becker

Religion ist, wenn man trotzdem stirbt

Ein Handbuch für Humor im Himmel

Kiepenheuer & Witsch

Recherche: Gabriele Balkhausen
Texte: Jürgen Becker und Dietmar Jacobs, dem für
Eusi Erbstösser und unzählige Pointen besonders gedankt sei
Freund und Helfer: Martin Stankowski

Das Zitat auf Seite 62 ist dem im Ullstein Verlag erschienenen
Buch »Der Gotteswahn« von Richard Dawkins entnommen.
Wir danken für die freundliche Genehmigung.

8. Auflage 2010

© 2007 by Verlag Kiepenheuer & Witsch, Köln
© Aktualisierte und erweiterte Neuausgabe, 2008 by Verlag
Kiepenheuer & Witsch, Köln
Umschlaggestaltung: Barbara Thoben, Köln
Umschlagmotiv: © Simin Kianmehr
Gesetzt aus der Stempel Garamond
Satz: grafik & sound, Köln
Druck und Bindearbeiten: CPI – Clausen & Bosse, Leck
ISBN: 978-3-462-04057-9

Inhalt

Haben Sie Feuer?

So geht es mit Tabak und mit Rum:
Erst bist du froh, dann fällst du um.
WILHELM BUSCH

Das Rauchverbot in Kneipen ist vernünftig. Allerdings ist Rauchen der letzte Zugang des Menschen zum offenen Feuer. Daher ist es in Deutschland schwerer durchzusetzen als in Spanien, Frankreich oder Italien. In den wärmeren Mittelmeerländern hat man Feuer von jeher im Freien gemacht. So war es für die Menschen dort ein Leichtes, zum Rauchen mit Feuer und Zigarette vor die Tür zu gehen. Wir Deutsche im kälteren Germanien haben Feuer immer in unseren kalten Höhlen gemacht, als Heizung, als Opferritus und vor allem als Schutz vor wilden Tieren. Wir sind es von jeher gewöhnt, im Rauch zu sitzen, weil wir uns dort sicher fühlten. Deswegen qualmen wir unsere Eckkneipen so gerne voll, weil wir Angst haben, es käme ein großer böser Bär hinein und könnte uns fressen. Deshalb ringt man seit Jahren um Kompromisse. Wenn es eine Speisegaststätte mit vollwertigen Mahlzeiten ist, wird auf das Rauchen verzichtet. Dann ist der Bär ja schon erlegt. Wenn es sich aber nur um eine Einraumkneipe unter 75 m² mit allenfalls kleinen Häppchen handelt, ist das Rauchen vorerst weiter

erlaubt. Ebenso bei einer Familienfeier. Dann sitzt ja die Sippe wieder in der Höhle.

So ist auch Religion ohne Feuer und Rauch kaum denkbar.

Wenn hier auch der Weihrauch dem Gesundheitsschutz der minderjährigen Messdiener und der Gemeinde zum Opfer fiele, fänden das viele vernünftig. Aber es müsste mit derselben Argumentation geklärt werden: Ist der Leib Christi eine vollwertige Mahlzeit oder nur ein Snack? Ist das Hochamt eine Familienfeier, da wir alle Kinder Gottes sind?

Aber diese Diskussion bleibt uns erspart, denn Religion ist nicht vernünftig. Die Kirche ist eine Firma, die seit 2000 Jahren dasselbe Problem hat: Sie muss etwas verkaufen, was noch nie jemand gesehen hat. Da kommen Sie mit Vernunft nicht weit, da brauchen Sie vor allem eines: Fantasie!

Feuerwehr versus Pfarrei

Seit vielen Jahren mache ich Familienurlaub im Ostseeheilbad Zingst. Auf den ersten Blick hat dieser malerische Ferienort zwischen Ostsee und Boddengewässern nichts, was junge Familien und wohlhabende Rentner beunruhigen könnte. Doch wer länger bleibt, findet hier vom gemütlichen Weinladen mit Ofenheizung bis zum kühlen Tennisplatzbetreiber, der einen gerne mal vom Hof prügelt, jenes Spannungsfeld von warmherziger Gastlichkeit und Action, das im Robinson Club erst künstlich erzeugt werden muss. Wer außer entspanntem Strandurlaub auch Rummel liebt, braucht hier keinen Animateur. Er findet einen Fischbrötchenverkäufer, der den ursprünglich wohl idyllischen Hafen mit Plastikplanen, Werbewirrwarr und unterirdischen Alleinunterhaltern zu einer Geisterbahn des schlechten Geschmacks macht. Selbst liberale Rheinländer wundern sich über so viel Toleranz: »Darf der dat? Dat der dat darf!« Dazu passt ein Ausflugsdampfer, der uns mit gefaketen Schornsteinen, allerlei amerikanischem Tinnef und einem völlig funktionslosen Schaufelrad am Heck weismachen will, Zingst läge am Mississippi. Der Titel, den ich meiner Heimatstadt zudachte, hätte auch hier seine Berechtigung: »Biotop für Bekloppte«. Also genau das Richtige für mich.

Das Wort »Heilbad« hat aber nichts damit zu tun,

dass einst Hitler und Mussolini den Ort besuchten. Der östliche Ortsteil war im Dritten Reich eine große Wehrmachtskaserne, später nutzte die NVA die Anlage, heute der ADAC. Im typischen Stil der Nationalsozialisten steht noch heute die Kommandantur der Kaserne. Sie beherbergt heute das Ordnungsamt. Wer mit ihm zu tun hat, spürt weiterhin den scharfen Ton der Truppen. Kein Wunder, hier wurden unbrauchbar gewordene Militaristen eingelagert. Von der Speerspitze des Warschauer Pakts zum Strafzettelchenverteiler in der Parkbucht, diesen herben Bedeutungsverlust scheinen nicht alle ohne Arroganz kompensieren zu können. Die Bewohner titulieren die Hilfssheriffs mit Spitznamen wie »Walross« und »Giftzahn«, und jeder weiß, wer gemeint ist. Meist aber werden Tonfall und Rituale des Militärs nicht vermisst und die Nutzung der Kaserne als Campingplatz begrüßt. Denn Camping ist, wenn man die eigene Verwahrlosung als Erholung empfindet. Und erholen kann man sich in Mecklenburg-Vorpommern. Dort oben habe ich immer das Gefühl, ich bin im Ausland, aber ich kann die Sprache.

Eine über 40 Jahre völlig anders verlaufene Nachkriegsgeschichte macht diesen herrlichen Landstrich auch kulturell und rituell interessant. Statt »Geschlossene Gesellschaft« liest der Gastronomiefreund hier öfters »Geschlossen wegen Jugendweihe«. 80 Prozent der Einwohner sind nicht religiös. Katholiken finden Sie nur in homöopathischen Dosen, meist ehemalige Sudetendeutsche. In der Gemeinde Zingst sind das der Bürgermeister und sein Bruder. Dann gibt es noch eine Handvoll Evangelen, und der Rest glaubt mehr oder weniger an den Seewetterbericht und die Segnungen der Kurtaxe. Dennoch veranstaltet Zingst ein großes Osterfeuer. Bei uns im Rheinland kennt man große Feuer an St. Martin oder in ländlichen Gebieten, wenn jemand mit Hilfe der Feuerversicherung Haus und Hof heiß saniert. Aber Osterfeuer? Was hat Auferstehung mit Verbrennen zu tun?

Das will ich sehen, karren doch den ganzen Samstag die Zingster ihre Gartenabfälle auf den großen Festplatz. Um 18 Uhr bin ich vor Ort. Der Würstchengrill neben der Bierbude raucht schon, gut 300 Menschen starren bei zwei Grad Celsius erwartungsfroh auf den Scheiterhaufen, aber trotz Einbruch der Dunkelheit ist der Riesen-Reisigberg noch jungfräulich. Lautsprecher sind aufgebaut, ein Notstromaggregat brummt. Vielleicht sagt der Bürgermeister was, der Gemeindepfarrer oder der nette Kurdirektor, vielleicht sogar die Chefmasseuse vom Kurmittelzentrum und der Brandmeister der Löschgruppe Fischland-Darß-Zingst. Jetzt kommt tatsächlich ein Feuerwehrmann in vollem Ornat. Aber er sagt nichts. Er zündet einfach den Haufen an – fertig. Im Wagen der Kur und Tourismus GmbH sehe ich jedoch jemanden eine CD auspacken. Händel? Bach? Matthäus-Passion? Nein, es ist Cheri Cheri Lady von Modern Talking. Hätte ich auch drauf kommen können, dass Ostern ohne Bohlen kein Ostern ist. Dieter, der alte Häschenfreund. Oder wie Stern-Autor Wolfgang Röhl es sagt: »Der Bonobo unter den Tonsetzern.«

Das Feuer nimmt schnell die Arbeit auf, eine Riesen-Rauchwolke steigt gen Himmel, die Musikauswahl entspricht der eines Autoskooters. Die Kirmes-Hits der 70er, 80er, 90er und das Beste von heute. Aber keine Rede, kein Wellness-Varieté und kein Kulturprogramm. Ein Bier aus dem »Plaste-Becher«, ein Rostbratwürstchen mit Senf aus der Region und Funkenflug. Das ist das abendländische Endergebnis mit Rostocker Pils. Geht auch.

Aber selbst routinierte Atheisten müssen nun zugeben: Da hätte die Kirche, vor allem die katholische, rituell weit mehr draus gemacht. Zwar hat auch die freiwillige Feuerwehr ihre Dreifaltigkeit plakatiert, »Bergen, Löschen, Kellerleerpumpen«, aber vom Ritualdesign versteht sie nichts. Was stellt die katholische Kirche bei uns im Rheinland da nicht alles auf die Beine, wenn sie ein Feuer macht – und das bereits bei einem Fest, das in der Rangordnung des Kirchenjahres eher einen der unteren Plätze belegt. Was ist schon die dilettantische Altkleiderspende eines Mittelgewichtsheiligen vom Zossen herunter, genannt »hillije Zinte Määtes« (heiliger St. Martin) gegen die Auferstehung von Jesus Christ Superstar at Easter? Doch selbst der kleine heilige Määtes wie du und ich bekommt einen Spielmannszug mit reichlich Bläsern, Schulklassen, die singen: »Ich geh mit meiner Laterne, rabimmel rabammel rabumm« (Lied 312), einen Umzug durch das Viertel mit rot-weißen Ministranten und Diakonen, und allen voran der prunkvoll bekleidete St. Martin hoch zu Ross. Dann erzählt der Pfarrer die Geschichte, dass der Zinte Määtes auf dem Pferd seinen schönen Mantel mit dem Schwert halbierte, um den armen Bettler zu wärmen. Die Kinder gucken ungläubig, aber auch hier triumphiert die Fantasie wieder über die Vernunft. Während das Feuer brennt, kann man sinnieren: Was soll der Bettler mit einem kaputten halben Mantel? Warum halbiert der heilige Martin nicht das Pferd? Mit großen Portionen rheinischen Sauerbratens wäre dem Obdachlosen weit besser geholfen.

Und bei all diesen Gedanken um den Martinsmythos läuft mir das Wasser im Munde zusammen. Mehr als am Würstchenstand neben dem Ostsee-Osterfeuer. Ich esse ja sehr gerne Pferdefleisch. Und wenn Sie gerne reiten – kein Problem. Eins nach dem andern.

Was braucht der Mensch? Räume, Regeln und Rituale. Um öffentliche Räume kümmern sich die Stadtverwaltung und der Bebauungsplan, um Regeln der Gesetzgeber. Aber Rituale, darauf könnten wir uns vielleicht einigen, kann nach wie vor die Religion am besten.

Helfen, aber richtig: St. Martin, Randi Becker (12)

Sympathy for the devil

Ich besuche regelmäßig einen Ritualdesigner. Mein Freund Franz Meurer ist katholischer Pfarrer. »Franz«, frage ich, »glaubst du an den Teufel?« »Ja, natürlich!«, ruft er laut aus der Küche, während er Eier abschreckt. »Dann habe ich doch mehr Auswahl. Der Teufel ist ein gefallener Engel, der dem lieben Gott gesagt hat: Leck mich am Arsch, ich mache eine eigene Firma auf!«

Wie im Leben, denke ich. Das kennen viele Meister von ihren Gesellen: Die Besten gehen. »Aber, Franz, das mit dem ewigen Leben ist eigentlich keine gute Erfindung von euch. Die ersten 100.000 Jahre sind vielleicht noch ganz nett, aber irgendwann will der Mensch doch einfach mal ins Bett. So hängen wir ewig im Himmel und denken irgendwann: Verdammter Mist, das geht und geht nicht vorbei.« Jetzt bringt Franz die Eier zum Frühstück und sagt lapidar: »Ja, ewig heißt doch nicht, dass das nie vorbei ist.«

Katholiken verblüffen mich immer wieder. Auch die Juden. Woody Allen ist sich sicher: »Natürlich gibt es das Paradies. Die Frage ist nur: Wie weit ist es weg vom Zentrum, und wie lange hat es auf?« Aber auch er stimmt mir zu:

»Die Ewigkeit zieht sich, vor allem gegen Ende hin.«

Ewig währt am längsten

Nicht bei allen Weltreligionen gehört das ewige Leben zur Serienausstattung; bei den Buddhisten muss man nicht mal etwas glauben. Es handelt sich mehr um eine Haltung, die vom Komposthaufen der Natur abgeleitet ist. Der vermodernde Ast wird zum Humus für die Osterglocke. Eine Wiedergeburtskette, die letztlich im großen Nichts endet. Nirwana. Kein personifizierbares Weiterleben, sondern Baustein für das nächste Geschöpf – lass dich überraschen. Doch für uns Europäer ist die Ewigkeit zentraler Gimmick des Glaubens, es gehört zur spirituellen Klimaautomatik, sich eine ganz persönliche Zugabe herauszubeten. Der Mensch gehört nicht zum Naturkreislauf, sondern bekommt eine Sonderbehandlung. Das ist objektiv unplausibel, subjektiv aber eine reizvolle Idee. Wenn der Körper ausgemustert wird, macht die Seele einfach weiter. Sie sagt auf dem Umtrunk, der sich Leben nennt: »Körper, wenn du müde bist, geh du schon mal heim. Ich bleibe noch ein bisschen.«

Nun war der Übergang vom Tier zum Mensch aber fließend, ebenso der von der Pflanze zum Tier. Also müssten auch Schmeißfliegen und Stiefmütterchen in den Himmel kommen. Tatsächlich beschäftigen sich Theologen mit solchen Fragen, da die Menschen wissen wollen: Kann ich meinen Hund mitnehmen? Diese Ungewissheit hat Folgen. Der Tod ist heute der größte anzunehmende Ernstfall, der auf jeden Fall verhindert werden muss. Das war nicht immer so. Bei den Etruskern wurde der Tod noch als überdimensionale Vagina dargestellt. Frauen werden von knackigen jungen Männern hindurchgezogen, Männer von bildhübschen Mädchen. Die Beobachtung, dass Männern beim Sterben bisweilen das Glied versteift, führte wohl zu dieser Vorstellung – das Ableben als erotischer Akt. Todessehnsucht und Todesangst hielten sich in etwa die Waage. Heute demonstriert schon die Automobilindustrie mit der Anzahl der Airbags, dass dies nur noch selten der Fall ist. Allein die Formulare der Sterbeversicherung töten jede orgiastische Lust am Sterben, ganz zu schweigen von den unerotischen Kachelräumen der Intensivstation.

Immerhin gelingt es der modernen Medizin immer öfter, diesen Ernstfall weiter hinauszuzögern. Eine Meldung in den Nachrichten verkündete neulich, in Düsseldorf starb ein Mann im Alter von 111! Stellen Sie sich das einmal vor: Sie feiern mit allen Freunden und Verwandten und einem Riesenbrimborium Ihren 80. Geburtstag, laden noch mal alle ein – und dann haben Sie noch 31 Jahre vor sich! (Die Kölner werden denken: Und das in Düsseldorf!)

Aber auch daran sehen wir, wie die Religion mit Macht zurückkommt. Der katholische Klerus wurde bereits zum Vorbild für die gesamte deutsche Gesellschaft: viele alte Leute und relativ wenig Kinder. Wobei der Vorsitzende der deutschen Bischofskonferenz, der Freiburger Erzbischof Robert Zollitsch, neulich wieder verblüffte. »Das Zölibat ist theologisch nicht notwendig!« Hört, hört!

Daraufhin begann die Diskussion unter katholischen Priestern: »Werden wir es noch erleben, dass das Zölibat abgeschafft wird?« »Wir nicht«, antwortete ein Kollege, »aber unsere Kinder!«

Die demografische Entwicklung räumt angenehm auf mit Illusionen: Die Jungen pflegen die Alten. Unfug. Die Alten werden die Alten pflegen müssen. Aber auch das hat etwas für sich. Vielleicht ändert das wieder unser Verhältnis zum Tod.

Die katholische Hölle

In einem kleinen Dorf im Bergischen Land wohnt
mein Patenonkel Herbert. Der ist Anfang 80 und trifft
sich regelmäßig mit zwei Kumpanen. Der eine ist auch
80, der andere ist 100. Die drei trinken Kölsch zusammen, spielen Skat. Gut, dass die sich haben. Da sagte
neulich der 100-Jährige ganz wehmütig zu seiner Frau:
»Käthe, wat mach ich nur, wenn die zwei mal nit mehr
sinn?« Dass er selbst als Erster die Runde verlassen
könnte, bereitet ihm keinerlei Sorge. Warum auch?
Jetzt stellen Sie sich doch mal vor, Sie wachen eines
Tages morgens auf – und sind tot.

Wer die Hölle und das Fegefeuer für eine Erfindung
aus finsteren Zeiten hält, die den Menschen mit Angst
gefügig machen sollte, muss nüchtern feststellen: Was
soll am Tod schlimm sein? Die alte Überlieferung trifft
es: Die Hölle ist ein paradiesischer Ort mit allen
Annehmlichkeiten, nur ein Nebenzimmer hat die Höl-
lenqualen mit Feuersbrunst im Angebot. Dem ver-
dutzten Neuankömmling erklärt der Teufel: »Das ist
für die Katholiken, die wollen das so.«

Der Tod ist zuvorderst ein Problem der Hinterblie-
benen. Schnell versammelt sich die Trauergemeinde
rund um das Bett des Verstorbenen. Aber bereits nach
fünf Minuten Trauerarbeit sagt der Erste: »Welchen
Bestatter sollen wir denn nehmen?«

In Köln fällt dann oft der Name Kuckelkorn. Herr

Kuckelkorn war früher in meiner Schule und erheiterte seine Klasse mit dem Slogan: »Du entgehst nur Gottes Zorn in einem Sarg von Kuckelkorn.« Auch wenn viele Leser nun ungläubig den Kopf schütteln: Dieser Herr Kuckelkorn ist heute zeitgleich Bestatter und der Zugleiter des berühmten Kölner Rosenmontagszuges. Die Rheinländer wundert das wenig, schließlich kennt er sich aus mit geschmückten Wagen.

Sobald der Bestatter die Prospekte aufschlägt, weicht die Trauer sofort Termin- und Ausstattungfragen. Welches Holz? Wie viel Kissen innen? Welcher Friedhof? Gibt es da noch einen guten Platz? Um wie viel Uhr ist die Beerdigung? Können da alle?

Aber nicht der blöde polnische Pfarrer, den keine Sau versteht! Wo gehen wir hinterher hin? Welcher Wirt? Welcher Aufschnitt? Wie viel Kaffee? Wie viel Bier?

Nun stellen Sie sich vor, es sagt plötzlich Ihr bester Kollege und Freund in die ratlose Runde: »Beerdigung, da habe ich nichts dagegen, aber ich bitte um Verständnis, den Kopf kriege ich!« Das kommt in den besten Familien vor.

Schillers Schädel

Denn hinderlich, wie überall,
Ist hier der eigne Todesfall.
WILHELM BUSCH

Friedrich Schillers Tod kostete ihn nicht nur das Leben, sondern auch noch den Kopf! Schillers Schädel landete auf dem Schreibtisch seines besten Freundes. Johann Wolfgang von Goethe. Allen Ernstes. Als Briefbeschwerer auf der Steuererklärung – da hatte der Spaß dran. Als Handschmeichler.

Man muss sich das vorstellen: Der Goethe war ja Minister. Und dann den Kopf vom Kollegen auf dem Schreibtisch. Das wäre ungefähr so, als würde sich der Peter Struck den Schädel von Roland Koch auf den Schreibtisch stellen. Sicher – das würde ihm gefallen. Aber schön ist anders.

Dennoch ist der unbefangene Umgang mit Totenschädeln nicht immer gleich schändlich, ebenso wenig die humorvolle Betrachtung. Der Dalai Lama meinte in Hamburg vor vielen Tausend Zuschauern: »Dem Tod kann man nicht entrinnen. Warum also soll man sich darüber Sorgen machen?«

Auch im katholischen Rheinland wird der Tod zwar hin-, aber nicht unbedingt ernst genommen. Überliefert ist der Spruch eines Kölners: »Ich darf noch nit stirve, ich muss noch aach Aaschlöcher am Drieße haale.« Was übersetzt so viel heißt wie:

»Ich darf noch nicht sterben, ich habe noch acht Mäuler zu stopfen.« Aber der Kölner sieht es vom Ergebnis her, und es kommt ja auch auf dasselbe raus.

Womit hier nicht der Eindruck entstehen soll, die Rheinländer hätten keinen Respekt vor den Toten. Das Gegenteil belegt folgende Geschichte, in der zwei Rheinländer Golf spielen: Ganz weit hinten am anderen Ende des Golfplatzes zieht ein Beerdigungszug vorbei. Da nimmt einer der beiden Golfer die Kappe ab und verneigt sich tief. »Oh«, meint der Kollege, »du bist aber heute pietätvoll!«

»Ja, hör mal, wir waren ja immerhin 50 Jahre verheiratet!«

Sollten Sie einwenden, die Haltung des Witwers sei frauenfeindlich, kann ich eine zweite Geschichte zum Ausgleich erzählen. Drei Frauen spielen Golf und suchen einen verschlagenen Ball. Hinter einem Gebüsch sehen sie plötzlich einen nackten Mann, der sich zum Schutz vor der Sonne eine Zeitung über das Gesicht gelegt hat. Die Damen erstarren. »Mein Mann ist es nicht«, flüstert die eine. »Nein«, bestätigt die andere, »dein Mann ist es nicht.« – »Es ist überhaupt niemand vom Club«, behauptet die Dritte.

Kieferzwischenknochen

Als frauenerfahrenen Liebhaber wollen wir Goethe hier nicht beleuchten, auch nicht als dichtenden Denker. Sehen wir ihn hier schlicht als Naturwissenschaftler, denn Goethe hat Schillers Schädel nicht nur dekorativ verwendet.

Das zeigt seine bemerkenswerte Abhandlung über den Kieferzwischenknochen. »Jener Knochen, von welchem ich rede, sich zwischen die beiden Hauptknochen der oberen Kinnlade hineinschiebt.« Es ist ein Stück Knochen unter der Nase, an dem in der Regel vier Schneidezähne hängen. Dieser Zwischenkieferknochen ist beim Tier separat, zwei deutlich sichtbare Nähte trennen ihn vom Schädel. Beim Menschen hingegen fehlen diese Nähte, da die Stelle unter der Nase eins mit dem Rest des Kieferknochens ist.

Der Anatomie-Papst der damaligen Zeit war der bekannte holländische Mediziner Professor Peter Camper. Der bekam zuvor ein Orang-Utan-Weibchen zum Sezieren rein. Selbst am Schädel dieses Orangs, der dem Mensch ja sehr ähnlich sieht, konnte Camper ganz deutlich, wie bei allen anderen Tieren, die Nähte und den Zwischenkieferknochen entdecken, den er noch an keinem Menschenschädel gefunden hatte. So stellte die Koryphäe Camper den Lehrsatz auf, der sich rasch verbreitete: Der Mensch unterscheide sich grundsätzlich von den Affen, weil er keine Zwischenkieferknochen zu bieten habe.

Ein Aufatmen ging durch die christliche Naturwissenschaft, durch den Klerus und den Vatikan: Ein klarer Trennungsstrich zwischen Mensch und Tier, die Schöpfungsgeschichte ist gerettet! Gott schuf den Menschen. Hoch leben Adam und Eva, und hoch lebe Orang-Utan. Aber bitte jeder für sich. Kein Familientreffen. Orang-Utan heißt nicht Onkel Udo.

Wäre da nicht dieser rastlose Schädelfreund und Hobby-Anatom in Weimar. Denn Goethe hat die Menschenschädel genauer angeguckt als alle Anatomen seiner Zeit. Und hatte die Fachliteratur kritischer gelesen als diese. Er spürte die Zitate älterer Anatomen auf, die glaubten, auch beim Menschen die entscheidenden Knochennähte im Gaumen gefunden zu haben. Doch seit dieses Knöchelchen als Beweis für die göttliche Herkunft des Menschen in den Himmel gehoben wurde, hatte sich niemand mehr dafür interessiert.

Goethe jedoch ging wie ein Sherlock Holmes der Kieferchirurgie in das Anatomische Institut nach Jena zu dem ihm vertrauten Professor Loder und meinte:

»Zeig mir deine Schädel, und ich sag dir, wer du bist.« Er verglich alle Tier- und Menschenschädel, die der Professor am Lager hatte, und siehe da, an allen Schädeln war die entscheidende Gaumennaht zu sehen: Ochsen, Löwen, Bären, Pferden, Füchsen, Affen. Und beim Menschen? Nix!

»Däh«, dachte Goethe, »haben der Camper und der Vatikan doch recht«, und wollte wieder gehen. Da sah der im letzten Moment aus dem Augenwinkel hinten in der Vitrine einen kleinen, menschlichen Säuglings-schädel liegen.

Er dachte: »Dann guck ich mir den auch noch eben an.« Und siehe da: die Wahnsinnsentdeckung! Auch der Mensch hat den Zwischenkieferknochen. Allerdings nur in jungen Jahren; später wachsen die Nähte zu. Der Camper hatte immer nur Seniorenschädel im Anschnitt. Goethe sagte: »Welch eine Kluft zwischen Schildkröte und Elefant. Und doch lässt sich eine Reihe von Wesen dazwischenstellen, die beide verbindet.«

Goethe – ein Darwin für Arme?

Für Goethe war der Zwischenkieferknochen der Schlussstein der Beweiskette. Man könne den Unterschied »des Menschen vom Tier in nichts Einzelnem finden, vielmehr ist der Mensch aufs Nächste mit den Tieren verwandt«.

Damit war klar: Sowohl der Anatomie-Papst in Holland als auch der unfehlbare Papst in Rom, sie waren beide total schief gewickelt. Die gesamte Schöpfungsgeschichte des Alten Testaments ist quasi Trivialliteratur. Adam und Eva sind wie Hanni und Nanni: völlig frei erfundene Geschichten aus der Frühzeit des Buchhandels.

Mythen in Tüten

Man muss sich das mal vorstellen. Da denkt sich eine Religionsgemeinschaft eine wunderbare Story aus, die seit Jahrtausenden der Menschheit im festen Glauben an Gott, seinen Schöpfer, den Weg weist, da kommt da ein in wilder Ehe lebender Schreiber mit dem Schimpansen. Das war ungeheuerlich. Das war doch alles minutiös festgelegt:

Erst schuf Gott das Tageslicht, dann das Himmelszelt.

Dann die Erde und dann das Meer.

Dann ließ er die Pflanzen und dann die Bäume wachsen.

Dann installierte er die Leuchten am Himmelszelt, dann kamen die Tiere dran und dann der Mann.

Und aus dessen Koteletts die Frau.

Und am siebten Tag hatte der Schöpfer frei, und deshalb sollte auch der Mensch da freihaben. Ladenschluss und Tarifvertrag waren also schon eingearbeitet.

Verkaufsoffener Sonntag nicht vorgesehen. Das haben die Leute jahrtausendelang geglaubt. Nicht als Mythos, sondern als Tatsache. Da kommt da so ein Dichterfürst und sagt sinngemäß: »Alles Quatsch!« Ein paar Jahre früher hätten ihn schmallippige Kirchenführer liquidiert.

In Rom wurden einst die Christen den Löwen zum

Fraß vorgeworfen. Das war nicht immer richtig. Dann aber brachte die Kirche, nachdem sie mächtig genug geworden war, ihrerseits Andersdenkende um. In Rom gibt es nur einen einzigen Platz, auf dem keine Kirche steht: den Campo di Fiori. Wenn Sie da einen leckeren Cappuccino trinken, sehen Sie auf die Statue des berühmten Dominikanermönchs und Naturwissenschaftlers Giordano Bruno.

Der hat auch wie Goethe gezweifelt, geforscht, hat viele Erkenntnisse der modernen Naturwissenschaften vorweggenommen. Hat wie Kopernikus steif und fest behauptet: Die Erde ist nicht der Mittelpunkt der Schöpfung.

Heute selbstverständlich, für die Kirchenfürsten damals eine Ungeheuerlichkeit. Nach mehrjähriger Haft wurde er mangels Löwen einfach verbrannt, weil er sich weigerte, seine Schriften zu widerrufen. Die katholische Kirche hat ihn mal ganz unverbindlich angezündet! Vor der Urteilsbekanntgabe sagte er: »Ihr habt mehr Angst, das Urteil zu verkünden, als ich habe, es zu empfangen.« Auf dem bereits brennenden Scheiterhaufen küsste Giordano Bruno das ihm hingehaltene Kreuz nicht. Ein genialer Geist weniger – ein Scheiterhaufen mehr.

Im Heiligen Jahr 2000 forderte Johannes Paul II., die Statue des »Ketzers« abzubauen. Aber die Römer blieben standhaft. Immerhin hat Karol Woytila den von der Kirche geächteten Wissenschaftler Galileo Galilei rehabilitiert. 400 Jahre später. Für die katholische Kirche eine spontane Affekthandlung. Giordanos Hinrichtung ereignete sich nur 150 Jahre vor Goethe. Der zeitliche Abstand ist also gering, aber dem Dichter

Problemmönch Bruno

reichte die Gnade der späteren Geburt. Das alles ein paar Jahre früher, und die klerikalen Kleingeister von Gottes Gnaden hätten den Goethe auch noch angezündet. Jetzt sagt mancher, der in der Schule Faust II durchkauen musste, das hätte nicht nur Nachteile gehabt.

Für unsere heutigen Ohren klingt die Geschichte vom Paradies sowieso nicht richtig glaubwürdig als Start für die Menschheit. Adam – Eva – Kain und Abel. Drei Männer – eine Frau, und die ist auch noch die Mutter von zwei von denen. Sicher, es gibt entlegene Orte in der Eifel, da sind solche Familienverhältnisse auch heute noch normal. Aber will man davon abstammen? Und dann noch von Eva, die so doof war, den Apfel zu essen. Und Adam, der so ein Weichei war, dass er den nicht abgelehnt hat.

Das waren Verhältnisse. Adam hat ja Gott gefragt: »Oh Herr! Warum hast du Eva so schön gemacht?« Und Gott sagt: »Damit du dich in sie verliebst.« »Ja«, sagt Adam, »und warum hast du sie dann so doof gemacht?« »Damit sie sich auch in dich verliebt.«

Aber mit dem Paradies hat Goethe dann ja aufgeräumt. Die Wissenschaft allerdings kümmerte sich Jahrzehnte nicht um Goethes unerbetene Schädel-Schrift. Zu groß waren der Respekt vor dem Lehrsatz und die Angst vor den Konsequenzen der Widerlegung, als dass ein lyrischer, Romane schreibender Minister da irgendwelche Zweifel hätte streuen können.

Denn wer war schon Goethe gegen den dicken Bestseller Bibel und die große katholische Kirche? Noch heute rennen die Menschen mit kieferorthopädischen Problemen nicht zum Goethe-Institut. Immerhin hat man diesen Knochen nach ihm benannt: In der Anatomie nennt man den Zwischenkieferknochen heute den Goethe-Knochen. Also haben auch Sie zu jeder Stund ein kleines Stückchen Goethe im Mund. Besser als Grass auf den Zähnen.

Richtig belegen konnte Goethes These allerdings später ein anderer. Denn wer dieser Grundlage des christlichen Abendlandes an die Wäsche wollte, brauchte schon handfeste Beweise und vielleicht auch zeitgeistlichen Rückenwind. Das schaffte erst 60 Jahre danach jener abgebrochene Medizinstudent, Theologe und akribische Naturwissenschaftler Charles Darwin. In der hochkapitalistischen Gesellschaft war jeder seines Glückes Schmied. Aber nicht jeder Schmied hat Glück. Das Ringen ums Überleben ermöglicht die Auslese der Natur, so entstehen und vergehen die Arten.

Aber der Theologe Darwin war zutiefst erschrocken über diesen Gedanken. Das merkt man seinem Buch an. Wenn man es liest, denkt man 600 Seiten lang nichts Böses. Da geht es harmlos um Blümchen, um Bienen, um Zuchtwahl und Ordnung. Erst ganz hinten, fast auf der vorletzten Seite, da rückt er damit raus: »Der Mensch stammt vom Affen ab!« Es war ihm höchst unangenehm. Deshalb hat er es ganz nach hinten geschrieben. Dann liest es vielleicht keiner. Er sagte: »Es ist, als gestünde ich einen Mord ein!« Den Mord an Adam und Eva.

So sehen es auch heute wieder religiöse Fundamentalisten in Amerika. Sie wollen Darwin tatsächlich aus den Schulbüchern verbannen. Sie haben es bereits

Der Mörder und seine Opfer

geschafft, dass in 19 Bundesstaaten Gesetze verabschiedet wurden, die die Evolutionstheorie infrage stellen. In 16 Bundesstaaten sind bereits Gesetze erlassen worden, dort muss auf jedes Schulbuch ein Aufkleber: »Evolution ist eine Theorie, kein Fakt.« Die Mehrheit der Amerikaner glaubt, dass Gott die Erde erschuf, so wie es in der Bibel steht. Bei den Anhängern des Präsidenten George W. Bush waren es sogar 67 Prozent. Verständlich, bei Bush konnte man auch Zweifel an der Evolutionstheorie bekommen. Wenn Darwin recht hat, dass die Menschen sich immer weiter entwickeln und perfektionieren, wie ist es dann möglich, dass Bush nach Einstein lebt? So unterstützt auch er bis heute die Darwin-Kritiker. Dabei ist die Evolutionstheorie eine der am besten abgesicherten Erkenntnisse überhaupt. Dass sie die Faktizität der

Schöpfungsgeschichte kippte, haben viele Christen bis heute nicht verkraftet.

Viele strenggläubige Menschen reden so, als sei es Aufgabe der Skeptiker, überkommene Dogmen zu widerlegen, und nicht die der Dogmatiker, sie zu beweisen. Den Evolutionsbiologen Richard Dawkins *(Der Gotteswahn)* regt das Gott sei Dank wahnsinnig auf: »Würde ich die Ansicht äußern, dass eine Teekanne aus Porzellan zwischen Erde und Mars auf einer elliptischen Bahn um die Sonne kreist, so könnte niemand diese Behauptung widerlegen, vorausgesetzt, die Teekanne ist so klein, dass man sie selbst mit unseren stärksten Teleskopen nicht sehen könnte. Würde ich dann aber behaupten, weil man meine Behauptung nicht widerlegen könne, sei es eine unerträgliche Überheblichkeit der menschlichen Vernunft, daran zu zweifeln, so würde man mit Recht sagen, dass ich Unsinn rede. Würde die Existenz einer solchen Teekanne aber in antiken Büchern bestätigt und jeden Sonntag als heilige Wahrheit gelehrt, so würde jedes Zögern, an ihre Existenz zu glauben, die Aufmerksamkeit von Psychiatern erregen, in einer früheren Zeit dagegen Inquisitoren.«

Jetzt könnte man sagen: Zeitverschwendung. Niemand betet eine Teekanne an. Aber nach Angaben malaysischer Behörden hat sich eine religiöse Sekte, die eine heilige Teekanne von der Größe eines Hauses gebaut hat, über die Planungsvorschriften hinweggesetzt. Wir, die wir nicht an die Teekanne glauben, sind demnach A-Teeisten. Die Diskussion zwischen Gläubigen und Atheisten ist somit überflüssig. Über die Faktizität Gottes zu streiten ist Unsinn. Franz Meurer predigte neulich von der Kanzel: »Niemand kann sagen, ob es Gott wirklich gibt. Es spricht genauso viel dafür wie dagegen.« Für einen katholischen Pfarrer doch immerhin erstaunlich. »Quatsch«, sagte er mir hinterher. »Jott is dat Janze.« Punkt. Da sag mal einer was.

Die Vorstellung, dass Gott ein Teekännchen ist, hat allerdings etwas für sich: Sie belustigt und bringt uns damit weiter. Denn wenn es nicht der Zwischenkieferknochen ist, was unterscheidet dann den Menschen vom Tier? Der Mensch ist das Wesen, das lachen kann, und das ist eine sehr wesentliche Wesensbestimmung, unterscheidet es doch Menschen von allen anderen Lebewesen. Was also ist Lachen?

Lachen ist eine Fehlinformation
ans Gehirn

Eine Torte im Gesicht. Gehört da nicht hin. Lustig. Das passiert Tieren aber auch. Die bekommen ja auch schon mal eine Köttel auf den Kopf, oder einen Kuhfladen. Warum lachen die dann nicht? Lachen ist ein Reflex des Gehirns, wenn unstimmige Informationen eingehen. Wenn das Gehirn quasi in Unordnung gerät. Warum ist das beim Tier nicht der Fall?

Ich fragte Dr. Hermann Josef Berk. Er ist Psychologe, Gerichtsgutachter und Menschenkenner. »Wenn wir uns im Zoo den Affenfelsen einmal angucken und sehen, wie der Affe da lebt, dann sitzt der da, dann laufen die Kinderchen da rum. Dann kommt da ein Weibchen vorbei, dann macht der Tupp Tupp Tupp, Sex von hinten, dann tut er wieder was Obst essen. Dann kommt da wieder ein Weibchen vorbei, dann jeht et widder Tupp Tupp Tupp, Sex von hinten, dann lässt er sich was Fellpflege machen, dann geht er was Wasser trinken, dann kommt da wieder ein Weibchen vorbei, dann jeht et widder Tupp Tupp Tupp ... Warum soll der Affe lachen, wenn alles in Ordnung ist?«

Also müssen wir uns doch fragen: Wann war in der Entwicklung vom Affen zum Menschen das erste Mal was nicht in Ordnung? Angela Merkel engagiert sich als Bundeskanzlerin sehr für die Belange der Dritten

Welt. Sie hat halt nicht vergessen, wo sie herkommt. Sollten Sie jetzt lachen, so ist das der Beweis für die These: Fehlinformation ans Gehirn.

Der Mensch kommt aus Afrika. Das ist die Wiege der Menschheit. Deutschland einig Vaterland – Afrika ist Mutterland. Unsere Vorfahren, zum Beispiel die hoch entwickelten Affen »Australopithecus«, lebten auf den Bäumen im Regenwald. Alles war da: reiche Flora und Fauna. Dann machte es plötzlich Rumms, die Erdplatten verschoben sich, ein Gebirge entstand, man kann sagen, die Alpen Afrikas. Und über diese Urwaldalpen kamen die Regenwolken nicht mehr rüber. Statt Flora und Fauna Savanne und Sauna. Auf der anderen Seite der Berge wurde es immer heißer und trockener. Hier musste der Australopithecus sich anpassen.

Es wurde so heiß, dass die ihr Fell auszogen. Sie verloren nach und nach ihre Haare und trugen nackte Haut, damit sie zur Kühlung schwitzen konnten. Folge: Die Kinder konnten sich nicht mehr am Fell festkrallen. Das hatten die nämlich früher gemacht, wie wir es heute noch bei den Affen sehen. Deswegen sagen wir heute noch: »Der hat ein Kind am Hals.« Man musste jetzt also die Kinder festhalten oder anders versorgen, damit sie nicht auf die Straße liefen. Dafür brauchte man die Hände. So entstand allmählich der aufrechte Gang. Letztlich ist der nur entstanden, damit man den Kindern mal eins hinter die Löffel hauen kann. Heute, wo die Prügelstrafe abgeschafft ist, könnten wir eigentlich wieder gebückt gehen.

Der Homo erectus war geboren. Aber wie kam es jetzt zu diesem großen Gehirn, das uns Menschen von allen anderen Tieren unterscheidet? Warum hat sich unser Gehirn immer weiter vergrößert? Jetzt sagen Sie: Evolution, Fortschritt. Falsch!

Paradies und Parasit

Es gibt in der Evolutionsgeschichte ja auch den umgekehrten Weg, dass Tiere ihre Hirne wieder verkleinert haben und gerade das der Fortschritt war. Mikroprozessoren werden ja auch immer kleiner.

Wenn Sie Archäologe sind und in der Erde buddeln, dann treffen Sie vor dem Römer auf den Regenwurm. Zumindest im Rheinland. Erst kommt der Regenwurm, dann der Römer. Das mit den Römern ist übrigens sehr praktisch: Wenn Sie einen Nachbarn haben, der irgendwas baut, was Sie nicht unbedingt wollen, dann schmeißen Sie einfach eine römische Scherbe in die Baugrube, ein Anruf genügt, dann kommen die Archäologen, und dann passiert da erst mal zwei Jahre lang gar nichts. Das ist die rheinische Baubremse.

Aber von wem können wir mehr lernen? Von den Römern oder von den Würmern? Jetzt kann man sagen, die Römer hatten die Hochkultur, die Wasserleitung, das römische Dampfbad, die Sauna, die fantastische römische Küche! Aber mancher Wurm hatte das alles in einem.

Der gemeine Wurm hat ein kleines Gehirn, das alle Sinneswahrnehmungen so verarbeiten kann, dass der Wurm zielsicher dorthin kriecht, wo keine Gefahr droht, wo es etwas zu fressen gibt und wo gegebenenfalls sogar ein begattungsbereiter Partner zu Füßen kriecht. Er besitzt also ein Gehirn mit drei Schaltungen: fressen, fliehen, begattungsfähigen Partner suchen. Einigen Würmern ist es nun gelungen, mit Hilfe ihres Mini-Hirnleins einen besonders angenehmen Lebensraum zu finden, in dem alles wie Milch und Honig floss. Sie sind in einen Darm hineingekrochen. In einen Darm von einem Wirt. Wer nichts wird, braucht Wirt.

Dort angekommen, ließ der Wurm sich einen Dornenkranz wachsen. Ohne religiöses Vorbild, sondern um sich in der Darmwand festzuhaken. Da kam dann alles wie von selbst: morgens Brötchen mit Marmelade, Tässchen Kaffee, lecker Eichen. Mittags Kartöffelchen, Salat, Rouladen, nachmittags Riemchenapfel mit Sahne, abends Frikadellchen und frisches Bier. Alles vorgekocht, vorgekaut, vorverdaut, vorgekostet und vor allem: alles bezahlt! Nouvelle Cuisine in Bad Zwölffingerdarm.

Und hier droht einen, anders als beim Regenwurm in der Muttererde, kein Spaten zu zerteilen oder Vogel zu fressen. Solange der Wirt lebt, heißt es: »Hoch die Tassen!« Er hat keinerlei Gefahr zu fürchten. Erst wenn er draußen die Beerdigungskapelle hört, dann wird's brenzlig. Dann muss er raus. »Jon mer in 'ne andere Kaschemm!«

Er hat sein kleines Gehirn so intelligent benutzt, dass er sich einen Lebensraum erkämpfte, wo er eben dieses Gehirn nicht mehr brauchte. Ohne es überhaupt zu merken, hat er sein Gehirn abgeschafft. Wird die Umwelt reichlich schenken, braucht das Tier nicht mehr zu denken. So entstand der Bandwurm. Daher rührt sie wahrscheinlich: die enge Verwandtschaft der Worte Parasit und Paradies.

Wie den Bandwürmern ist es bisher auch allen andern Parasiten gegangen. Erst benutzen sie ihr Gehirn besonders schlau, um sich ein bequemes Leben zu machen, und wenn das gefluppt hat, fangen sie an zu verblöden. Eine Einsatzmöglichkeit des Gehirns besteht also darin, sich einen Lebensraum zu erschließen, in dem gar kein Gehirn mehr gebraucht wird.

Auf den Menschen übertragen heißt das: Er erfindet ein hochkompliziertes Gerät, wie jetzt die neuen Bildschirme: Fernsehen wird ja immer flacher. Wir erdenken den Fernseher, um dann davor zu verblöden.

Das Auge isst man mit

Die Ausbildung eines Gehirns hängt unmittelbar davon ab, wofür man es braucht und wofür man es benutzt. Nehmen wir zum Beispiel den Feind des Regenwurms: den Maulwurf. Dessen Vorfahren waren Insektenfresser und mussten deshalb einigermaßen gut sehen und umherspringen können. Hier 'ne Fliege gefangen, da 'ne Mücke gemacht. Das klappte auch so lange wunderbar, bis sie dabei von größeren Tieren verspeist wurden. Freute er sich gerade über den Fang einer Schmeißfliege, zack, hing er oben beim Bussard am Haken. Höhenangst! Mancher plumpste auch wieder herunter und dachte sich: Das ist zu gefährlich. So war es durchaus vorteilhaft, sich gelegentlich einfach einzugraben und ein Restaurant im Souterrain aufzusuchen. Insektenteller in Auerbachs Keller.

Falls sie nun im Untergeschoss der Natur genug zu fressen fanden, hatten die Urmaulwürfe bald gar keinen Grund mehr, überhaupt je wieder aufzutauchen. Hart für den Bussard. Der machte dann 'ne Umschulung: auf Mäusebussard. Oder Reisebussard. Die Maulwürfe buddelten unterdessen ungestört ihre Gänge und bestellten sich hier mal Regenwürmer im Schlafrock und im nächsten Gang Krabbelkäfer mit Bratkartoffeln. Deshalb spricht man heute noch vom mehrgängigen Menü. Zu sehen war in diesem Feinschmeckerrestaurant allerdings nichts, gut riechen und hören musste man können. Wer am seltensten Lust auf Licht und Sonne bekam und die größten Vorderschaufeln hatte, musste wohl am längsten gelebt und die meisten Nachkommen hinterlassen haben. Der Satz »Das Auge isst mit« gilt da unten natürlich nicht mehr. Je nachdem, was man findet, höchstens »Das Auge isst man mit«. Irgendwann waren die dann alle blind wie die Maulwürfe.

Das ist das Schicksal aller Spezialisten. Erst benutzen sie all ihr Gehirnschmalz, um eine Nische zu finden, wo es sich komfortabel und preiswert leben lässt, und dann passen sich ihr Gehirn und ihr ganzer Körperbau von Generation zu Generation diesen Bedingungen immer besser an. Dafür verkümmern aber die anderen Sinne, sodass man aus dieser Nische kaum wieder herauskommt.

Die Evolution macht uns also immer effizienter. Wenn sie merkt, dass wir ein bestimmtes Körperteil nicht brauchen, kommt das weg. Die Haare beim Mann zum Beispiel. Die haben von der Natur einen KW-Vermerk: kann wegfallen. Das heißt, wenn Sie einen Mann mit Haarkranz sehen, dann ist das kein Mangel. Das ist ein Prototyp der Evolution. Das müssen auch die Frauen mal begreifen: Alle wollen einen Mann wie Brad Pitt mit vollem Haar und Waschbrettbauch. Aber gucken Sie sich doch mal um. Brad Pitt sieht gut aus, aber die Evolution will anscheinend, dass sich Glatze und Plauze durchsetzen.

Am blinden Maulwurf sieht man: Fast jedes Tier hat irgendeine Nische gefunden, wo es wunderbar leben kann – der Wurm im Darm, der Fisch im Wasser, der Vogel im Himmel, der Maulwurf in der Erde.

Es gibt aber auch Tiere, die dieses Rennen um den besten Platz verloren haben, die einfach keine schöne Nische mehr gefunden haben, wo man bequem leben konnte, ohne sich permanent Gedanken zu machen. Überall war schon einer, die besten Plätze waren belegt. Das sind die Verlierer der Evolution – das sind wir! Wir waren einfach zu langsam, wurden keine Spezialisten, das heißt, wir mussten in unserem Gehirn möglichst viele Schaltungen offen halten. Statt eine Sache richtig gut mussten wir von allem ein bisschen was können. Und dafür brauchen wir ein relativ großes Gehirn. Die Spezialisten kommen mit weit weniger Schaltungen aus. Der Begriff »Fachidiot« deutet das an.

Wir sind keine Fachidioten, sondern Generalisten.

Wir Menschen können von allem ein bisschen was, dafür aber nichts besonders gut:

Wir können nicht besonders gut rennen,

wir können nicht besonders gut schwimmen,

wir können nicht besonders gut klettern,

wir können überhaupt nicht fliegen.

Wir können nichts richtig.

Der Mensch ist von seiner evolutionären Grundanlage her Rheinländer: Er kann nix, traut sich aber alles zu. Wir, die den Startschuss der Evolution um die besten Überlebensplätze verpasst haben, mussten diese Niederlage durch ein großes Gehirn kompensieren. Und das zeichnet die Menschheit noch heute aus: Fast alle genialen Persönlichkeiten waren erst einmal Loser. Klein, schwächlich oder krank. Cäsar, Nietzsche, Maupassant, Napoleon, Bismarck. Der hat die Krankenversicherung erfunden, weil er selber dauernd krank war.

Oder Schiller. Schiller war dauernd krank. Nach seinem Tod am 9. Mai 1805 wurde die Leiche obduziert. »Man fand die Lunge brandig, breiartig und ganz desorganisiert. Das Herz ohne Muskelsubstanz, die Gallenblase und die Milz unnatürlich vergrößert, die Nieren in ihrer Substanz aufgelöst und völlig verwachsen«, so der Leibmedicus des Herzogs von Weimar, Dr. Huschke. Als er das Innereiengerümpel betrachtete, wunderte er sich gewaltig, »wie dieser Mann bei diesen Umständen überhaupt so lange hat leben können«. Rüdiger Safranski drückt das so aus: »Schiller lebte über das Zerfallsdatum seines Körpers hinaus.«

Es gilt die Schiller'sche Wette: »Wer zieht wen über den Tisch, der Körper den Geist oder der Geist den Körper?«

Bei Schiller ist es eindeutig. Widrige Umstände scheinen unser Hirn geradezu zu Höchstleistungen herauszufordern. Viele berühmte Menschen waren krank:

Lenau und Hölderlin, Nietzsche und Maupassant, Hugo Wolf und van Gogh wurden irrsinnig. Cäsar, Napoleon und Paulus waren Epileptiker.

Viele Propheten und Heilige waren Epileptiker. Mohammed höchstwahrscheinlich auch. Die genauen Verhaltensbeschreibungen der Propheten während ihrer »Offenbarungen« entsprechen exakt denen eines epileptischen Anfalls. So nannten die Menschen Epilepsie einst »morbus divinus«, die göttliche Krankheit.

Hirnforscher wissen heute, dass es bei einer bestimmten Form der Epilepsie, der TLE genannten Temporallappenepilepsie, zu gewitterartigen unkontrollierten Erregungen bestimmter Hirnregionen kommt. Liegen

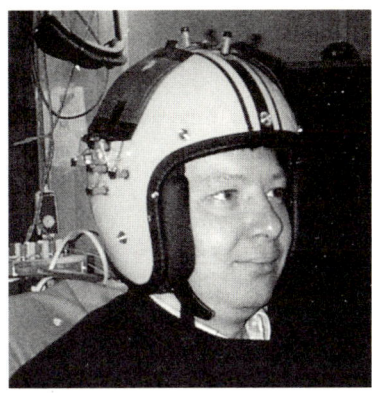

Hippe Hirnforscher: Halleluja im Helm

diese Regionen hinter dem linken Ohr, dann berichten die Betroffenen oft von spirituellen Visionen. Hinter dem Ohr liegt das Gottesmodul, wie manche Hirnforscher sagen, hier findet die Religion statt.

Und das, was Schläfenlappen-Epileptiker bei Anfällen erleben, stellen die bei anderen Menschen künstlich her. Sie setzen denen einen umgebauten Motorradhelm auf, der hier elektromagnetische Signale abfeuert. Fast alle Menschen, die diesen Helm aufhatten, behaupten, sie hätten religiöse Erfahrungen gemacht. Der Satz »Helm ab zum Gebet« ist also völlig falsch!

Siegeszug der Erbkranken

Durch Krankheiten bringt der Mensch Großes hervor. Auch Religionen. Ob psychisch oder physisch: Der Mensch kann kompensieren. Wenn es die linke Niere nicht mehr tut, übernimmt die rechte. Wenn die linke Hirnhälfte durch Schlaganfall geschädigt wird, kann die rechte durch Übung Rechnerleistungen übernehmen. Wenn es beide Gehirnhälften nicht mehr tun, übernimmt die Leber. So muss die CSU entstanden sein.

In Umrissen erkennt man neue Theorien, die den Übergang vom Menschen zum Tier erklären. Die eine ergründet, ob die Benutzung von Schneidewerkzeugen zur Zerkleinerung der Nahrung zu einer Rückbildung der Kaumuskeln führte.

Andere Wissenschaftler vermuten, dass eine Erbkrankheit des Schimpansen zum Menschen geführt hat. Und zwar spricht man von einer vererbten Bissschwäche des Affen. Das unterscheidet uns ja vom Schimpansen, unsere relativ schwachen Kaumuskeln. Der Affe hat sehr kräftige Kaumuskeln, die können wahnsinnig zubeißen. Jetzt muss es da wohl im Übergang vom Affen zum Menschen eine Erbkrankheit gegeben haben, durch die sich dieser Kaumuskel des Affen krankhaft zurückgebildet hat, und dadurch wurde der Sehnenapparat, der die Kaumuskeln nach oben verbindet und die Schädeldecke zuschnürt, gelo-

48

ckert. Weil der Schädel nicht mehr so zugeschnürt war, konnten er und das Gehirn darunter wachsen.

Die Theorie der Forscher: Der Siegeszug der Menschheit ist nichts anderes als der Siegeszug der Erbkranken. Dadurch konnte sich unser Gehirn so entwickeln, wie wir es heute haben. Ob diese Theorie nun wirklich stimmt, ist im Grunde egal. Fest steht das Ergebnis: Der Mensch ist das Tier mit dem größten Gehirn im Verhältnis zum Körpergewicht.

Dadurch haben wir einen Vorteil. Wir können gut denken. Aber auch einen Nachteil: Unser menschliches Gehirn verbraucht fast 20 bis 30 Prozent der Körperenergie. Und das ist unserem Gehirn peinlich! Geradezu unangenehm.

Vom Energiefresser zum Sparer

Das menschliche Gehirn versucht unentwegt, Energie zu sparen. Der Mensch denkt sich ja dauernd irgendwelche Sachen aus, mit denen er es sich einfacher machen, Energie und Zeit sparen kann. Das machen Tiere nicht. Der Mensch hat Werkzeuge. Erst den Faustkeil, dann Pfeil und Bogen, eine Supermaschine zum Zeitsparen: Zack – ein Schuss, und schon liegt das Wildbret am Boden. Er kann nun gemütlich hinschlendern, muss nicht mehr wie ein Idiot hinterherrennen. Daher kommt der Satz, den wir heute noch sagen: »Immer mit der Ruhe – das läuft ja nicht weg!«

Dann haben wir die Axt erfunden, dann das Rad, dann das Fahrrad, dann das Auto. Das sind alles Maschinen zum Zeitsparen. Das Flugzeug und die elektrische Saftpresse. Nur führt uns das in ein großes Dilemma: Wir Menschen können zwar durch Nachdenken viel Energie und Zeit sparen, aber wir können mit der gesparten Zeit nichts anfangen, wir können sie schlicht nicht aushalten, eben weil wir das große Gehirn haben. Um aus dieser Zwickmühle herauszukommen, erfinden wir gleichzeitig Maschinen zum Zeitsparen und Maschinen zum Zeittotschlagen.

Das Flugzeug ist eine Maschine zum Zeitsparen. Was haben wir da drin: einen Fernsehapparat im Vordersitz zum Zeittotschlagen.

Weil das Gehirn wie ein Muskel ist, muss es permanent etwas zu tun haben. Wir können nicht einfach den ganzen Tag herumdösen wie eine Kuh auf der Weide. Ab und zu kauen die mal aus Langeweile gerne auch wieder, aber sonst machen die nichts. Das könnte der Mensch niemals. Wenn der Mensch auf der Weide wäre, würde der Kreuzworträtsel lösen. Oder Sudokuh. Daher der Name.

Das ist neben dem Lachen ein zweiter prägnanter Unterschied: Das Tier kann dösen – der Mensch muss lösen. Nehmen wir mal die Schlange. Beobachten Sie im Zoo eine Boa. Wenn die döst, denkt man, die ist tot. Sie stellt sich komplett auf Stand-by. Nun setzen die Tierpfleger eine fette Maus ins Terrarium. Die sagen das der Maus vorher nicht. Das ist ein bisschen gemein. An der fletschenden Zunge sieht man, die Schlange beginnt zu denken: »Hast du da Appetit drauf? Ja, die mache ich mir gleich noch warm!« Sie windet sich langsam ran, und plötzlich, wie aus heiterem Himmel, beißt sie brutal zu und würgt die zappelnde Beute bei lebendigem Leib herunter. Dann schickt sie sie nach hinten in den Verdauungstrakt – das ist die Sendung mit der Maus. Ein martialischer Akt. Jedoch, wir müssen bedenken, danach hat die Schlange drei Monate frei. So lange kann die davon leben. Das macht die viermal im Jahr, der Rest ist Urlaub. Da döst die rum. Das könnte der Mensch nicht, der muss immer etwas tun. Daher erfinden wir diese Maschinen zum Energie- und Zeitsparen, halten aber die gesparte Zeit nicht aus.

Bestes Beispiel ist ein Handy. Das Handy ist eine Maschine zum Zeitsparen, ich brauche da nicht hinzulaufen, ich kann anrufen. Was bauen wir nun in das

Handy ein? Video! An sich Quatsch. Soll ich jetzt beim Telefonieren mein Ohr filmen? Wenn ich Schmalz sehen will, guck ich Rosamunde Pilcher. So schaukelt sich das immer weiter hoch. Wir erfinden E-Mail und brauchen nicht mehr zum Briefkasten zu rennen. In der gesparten Zeit hängen wir im Internet oder schlagen mit Computerspielen die Zeit tot.

Diese Spirale führt über die Globalisierung zu einem Kapitalismus, der die ganze Erde auffrisst. Globalisierung ist auch typisch Mensch. Er ist das einzige Tier auf der Welt, das überall ist. Weil der Mensch nicht ruhig herumdösen kann, sondern immer überall hingerannt ist. Er ist ja sowohl in der Wüste als auch am Nordpol. Er ist Eskimo und Beduine. Das macht das Tier nicht: Das Zebra bleibt in der Savanne, der Pinguin am Südpol. Stellen Sie sich mal vor, in Australien hüpft ein Känguru, plötzlich guckt da ein Pinguin aus dem Beutel und kotzt. Das ist Globalisierung. Zur gleichen Zeit watscheln die Pinguine über den Südpol, und mittendrin steht ein Känguru, schlägt frierend die Ärmchen um die Brust und flucht: »Scheiß-Schüleraustausch!«

Was ist Religion?

Der Mensch ist das einzige Tier, das überall ist, und das menschliche Gehirn ist das einzige Organ auf der Welt, das über sich selbst nachdenken kann. Das kann weder das Tier, die Milz noch der Blinddarm. Bis die einen klaren Gedanken gefasst haben, sind die längst rausgeflogen. Das heißt, das menschliche Gehirn geht gedanklich aus sich heraus und guckt sich von oben an. Das ist auch Hirnforschung: Hirn denkt über Hirn nach. Das heißt, der Mensch denkt sich einen Punkt über sich und denkt dann: Was denkt der jetzt über mich?

Und das ist auch Religion. Religion ist im Grunde Hirnforschung ohne Abitur. Das muss nicht heißen, dass Gott eine Projektion ist. Das kann sein – muss aber nicht. Jedoch auf das Prinzip könnten wir uns einigen. Wir denken uns einen Punkt über uns und fragen: Was denkt der über uns? Dadurch können wir auf uns selbst heruntergucken. Das ist wie ein Navigationssystem. So wissen wir, wo wir herkommen und wo wir sind und vielleicht auch, wohin wir wollen.

Man kann sich das ja leicht vorstellen, wie unsere Vorfahren sich hier bei Wind und Wetter ums Überleben mühten. Plötzlich donnert es furchtbar laut. »Au«, denkt der Mensch, »da oben ist einer sauer. Warum macht der sonst einen solchen Lärm?« Jetzt haben die beobachtet: Immer wenn der Donner grollt, gibt es anschließend Regen. Man sieht den Dialog der Ur-Menschen vor sich:

»Ist dir das auch aufgefallen? Wenn es regnet, wächst alles besser.«

»Stimmt. Neulich hat es sieben Wochen nicht geregnet, da ist alles vertrocknet. Die Gürkchen, die Tomätchen ...«

Nun kombiniert der Kollege: »Dann ist das Donnern der Fruchtbarkeitsgott. Mit dem müssen wir uns gut stellen, damit er uns regelmäßig Regen schickt.«

»Stimmt«, bemerkt der andere, »dann haben wir immer genug zu essen!«

Jetzt schlägt der Blitz ein, und der Kumpan ist tot.

Anscheinend ist der da oben doch sauer. Warum? Will der vielleicht von den Gürkchen was abhaben? Will der für den Regen eine Gegenleistung? Pflanzenopfer? Tieropfer? Oder ein Menschenopfer?

Und schon geht der Stress los.

Opferkult

Anthropologen können erklären, warum die frühen Menschen ihre Jagdbeute mit anderen Gruppenmitgliedern geteilt haben. So ein Bison muss ja gegessen werden, und den kriegt ja einer alleine gar nicht auf. Also ruft der Jäger seine Sippe: »Kommt, Jungs, es gibt was zu spachteln. Haut ordentlich rein: Das muss weg!« Den Satz sagen wir heute noch: »Esst – das muss weg.«

Damals stimmte das. Die hatten ja keine Tupperware. Die konnten das ja nicht einfrieren. Aber warum legen Menschen dieses wertvolle und lebensnotwendige, schwer zu erlegende Biofleisch auf den Altar und zünden es an? Jahrtausendelang? Das ist ja extrem kontraproduktiv. Vor allem: Warum gleich einen ganzen Büffel? Gott wär doch vielleicht auch mit 'nem halben Dackel zufrieden gewesen. Stellen Sie sich mal vor: Sie gehen in einen Supermarkt, kaufen ein für das Wochenende, haben sechs Tüten mit Wein und Fleisch und allem Drum und Dran. Und vor dem Laden schmeißen Sie das alles direkt in die Mülltonne. Für Gott. Und Sie wissen noch nicht mal: Ist Gott in der Biotonne oder im Restmüll? So etwas macht nur der Mensch, Tiere kommen gar nicht auf so eine Idee. Tiere haben keine Religion. Gut, ich habe schon mal Kakerlaken in der Kirche gesehen. Die gehen aber nicht mit zur Kommunion.

Da kommt wieder der Rheinländer ins Spiel, und der steckt mehr oder weniger in jedem Menschen. Aus der Sicht des Einzelnen ist es ja schon günstiger, die anderen schuften zu lassen und sich selbst zu schonen. Die Überlebenschance einer Sippe ist jedoch höher, wenn die Gruppe möglichst wenig Trittbrettfahrer hat, möglichst wenig faule Säcke. Deshalb hat man solche teuren Rituale eingeführt, die sicherstellen, dass auch alle zu dem Haufen stehen. Ist ja auch klar: Wenn Sie Ihrem neuen Schwarm Ihre bedingungslose Liebe klarmachen wollen, dann können Sie nicht mit einem vertrockneten Moosröschen von der Tankstelle kommen, dann muss es schon ein ordentlicher Strauß sein mit Grün und mit allem. Teures Ritual zeigt: Der meint es ernst.

Und so kommen auch Horror-Geschichten wie die um Abraham zustande: Gott verlangt, dass Abraham für ihn seinen eigenen Sohn tötet. Ein Wahnsinn. Menschen töten für Gott. Das ist die moralische Grundlage zum Heiligen Krieg. Den Krieg der Mensch und nicht das Tier hat, drum fehlt dem Tier der Dschihad.

Angsthase Mensch

Tiere würden das niemals tun. Die eigene Brut anzünden. Das macht nur der Mensch. Tiere haben eben auch keine Angst. Zwar erleben sie Stress – Schreck – Panik. Sie hören einen Schuss, rennen dann kurz weg, und danach ist es wieder gut. Vergessen – weiterfressen. Sie machen sich keine Sorgen, was noch alles möglich ist, haben keine Angst.

Aber der Mensch hat dieses furchtbar große Hirn mit furchtbar viel Verstand. Und was der nicht begreift, erregt furchtbar viel Furcht. Die meisten heutigen Ängste und Phobien kommen noch aus der Frühzeit. Wir haben ja heute keine Angst vor Motorrädern oder Zigaretten oder Steckdosen. Wir haben Angst vor Spinnen, Katzen und Mäusen. Dabei gibt es in Deutschland nicht eine einzige Spinne, die gefährlich ist. Das kommt noch aus unserer Wohngemeinschaftszeit in Höhle – Diele – Bad.

Auch die Wahrscheinlichkeit, dass wir durch einen Terroristen zu Tode kommen, ist viel geringer als durch Krebs – Aids – Auto und Aquavit zusammen. Aber der Terrorist wird natürlich medial hochstilisiert, weil er unsere alten Instinkte weckt. Wir entdecken in ihm unseren alten Fressfeind, das wilde Tier, das plötzlich aus der Höhle kommt. Osama bin Laden. Das kennen wir noch von früher.

Deswegen gibt es auch so viele Löwenwitze. In

unseren Breiten gibt es keinen einzigen Löwen, der frei herumläuft, aber über 100 Löwenwitze. Damit werden die alten Ängste vor dem Fressfeind verarbeitet.

Tünnes sagt: »Ich fahr nach Afrika, in die Wüste.«

»Bis du bekloppt«, sagt der Schääl, »stell dir vor, du machst nach dem Mittagessen 'nen Verdauungsspaziergang, kommt da der Löwe.«

»Dann nehm ich das Gewehr und schieß den tot.«

»Du hast doch nach dem Mittagessen kein Gewehr dabei.«

»Dann nehm ich eben de Pistole und knall den ab.«

»Du hast doch beim Verdauungsspaziergang keine Pistole dabei.«

»Dann nehm ich eben den Knüppel und schlag den tot.«

»In der Wüste gibt es doch gar keine Knüppel.«

»Ja, hälste jetzt zu mir oder zu dem?«

Tünnes ist zurück, und Schääl fragt:

»Und wie war es in Afrika?«

»Genau wie du gesagt hast. Nach dem Mittagessen Verdauungsspaziergang, kommt da der Löwe.«

»Und was hast du gemacht?«

»Da bin ich gerannt.«

»Und dann?«

»Bin ich noch schneller gerannt, war der immer noch hinter mir.«

»Und dann?«

»Bin ich noch schneller, aber da hörte ich den Atem schon hinter mir, der war mit der Zunge schon an minger Botz.«

»Und dann?«

»Bin ich zack, rauf auf den Baum, und da war ich gerettet.«

Sagt der Schääl: »In der Wüste gibt es doch überhaupt keine Bäume.«

»Och, dat war mir in dem Moment so wat von egal!«

Interessant an solchen Geschichten sind die Widersprüche, die wir unbewusst ausblenden. In der Wüste gibt es gar keine Löwen. Die leben in der Savanne. Das wissen wir alle. Aber in der Savanne gibt es Bäume. Also verdrängen wir diese Ungereimtheit, weil sonst der Witz nicht funktioniert mit dem Baum, den es nicht gibt. Derselbe Fall in der Religion. Da stimmt auch vieles nicht, auch im Alten Testament: Kain erschlägt seinen Bruder Abel. Anschließend schickt Gott Kain los. Kain aber fürchtet sich laut Bibel: Er habe Angst, jeder Mensch, der ihm begegnet, könne ihn erschlagen! Ja, wer soll das denn sein? Dann müsste es ja vor den ersten Menschen schon andere gegeben haben.

Aber hier geht es ja um Glauben, nicht um Logik. An Darwins und andere Evolutionsbücher muss man nicht glauben, weil sie heilig wären, sondern weil sie eine überwältigende Fülle von Belegen beschreiben, die sich gegenseitig stützen. Aus A folgt B. Der Leser kann den Weg zurückverfolgen und die Belege prüfen. Wenn ein wissenschaftliches Buch unrecht hat, findet irgendwann jemand den Fehler und bekommt dafür den Nobelpreis. Die nachfolgenden Bücher werden korrigiert. Dass so etwas mit heiligen Schriften nicht passiert, liegt auf der Hand. Hier wird schon Kindern beigebracht, dass unhinterfragter Glaube eine Tugend sei. Da gibt es Widersprüche, die sind uns seit Jahrtausenden völlig egal. Wir blenden sie aus wie beim Löwenwitz, da sonst die Geschichte nicht funktioniert. Sonst ist die Bibel witzlos. Dann haben wir weniger Trost und mehr Angst. Man kann es überall beobachten: Je mehr Furcht, desto mehr Religion.

George W. Bush fühlte sich als von Gott gewollter Präsident. Daher das Sendungsbewusstsein. Anders könne er den furchtbaren Fressfeind bin Laden nicht besiegen. Allerdings kann man in Amerika niemals Präsident sein, wenn man nicht von Gott gewollt ist. Man muss vertikal angeschlossen sein. Nahe am Gral. Das enthemmt. Bushs Krieg gegen den Terror forderte viel mehr Todesopfer als der Terror selbst. Oft ist der Arzt schlimmer als die Krankheit. Dennoch hat der Papst die über 100.000 Toten des Irakkriegs bei seinem Amerikabesuch im April 2008 nicht erwähnt und Freundschaft mit Bush demonstriert. Dieser ist radikaler Abtreibungsgegner. Offenbar wiegt beim Papst der Schutz des ungeborenen Lebens schwerer als der tausendfache Tod irakischer Zivilisten – schließlich sind es Muslime. Der Papst aber lobte die Gemeinsamkeiten zwischen dem Vatikan und den USA. Es seien moderne Staaten, aber hochreligiös! Seit wann sind die USA ein moderner Staat? Immerhin hat der Vatikan die Kreuzzüge schon hinter sich. Das gemeinsame Credo Bushs und Benedettos lautet: Lieber Gott, ich mach dich fromm, wenn ich in den Himmel komm.

Auch bei uns wird die Politik immer religiöser. Die CDU hat mit christlich so wenig zu tun wie die SPD mit sozial. Aber das C brauchen sie, um zu zeigen: Gott will, dass Angela Merkel regiert. Obwohl die CDU ja neuerdings nicht mehr nur aufs Christentum setzt, sondern auch auf den Buddhismus. Roland Koch ist zum Beispiel eng mit dem Dalai Lama befreundet. Die treffen sich auch ab und zu. Und dann kann der Koch nach Hause gehen und allen sagen: Ich bin weltoffen. Ich hab den Dalai Lama getroffen. Und der Dalai Lama kann nach Tibet fahren und sagen: Ich war in Frankfurt und hab den Yeti getroffen. Bekennende Atheisten finden Sie dagegen heute kaum noch. Ich glaube manchmal: Die sterben alle weg.

Dabei kommen alle religiösen Überzeugungen denjenigen höchst seltsam vor, die nicht mit ihnen aufgewachsen sind. Der Ethnologe Pascal Boyer erforschte das Volk der Fang in Kamerun. Dort glaubt man, so berichtet er, »Zauberer hätten ein tierähnliches inneres Zusatzorgan, das nachts davonfliegt und anderer Leute Ernten vernichtet oder ihr Blut vergiftet. [...] Von vielen Fang hört man, der Freund eines Freundes habe nachts selbst gesehen, wie die Zauberer über das Dorf hinwegflogen; dabei hätten sie auf einem Bananenblatt gesessen oder auch Zauberpfeile auf ahnungslose Opfer abgeschossen.« Hier schmunzeln wir ungläubig. Doch nun berichtet Boyer: »Als ich diese Merkwürdigkeiten beim Essen in einem Cambridger College erzählte, drehte sich ein bekannter katholischer Theologe zu mir um und sagte: ›Genau das macht die Ethnologie so faszinierend und zugleich so schwierig. Sie muss erklären, wie Menschen an so einen Unfug glauben können.‹«

Boyer war sprachlos. Richard Dawkins bemerkt in seinem Buch »Der Gotteswahn« zu dieser Anekdote treffend: »Geht man davon aus, dass besagter Theologe der Hauptrichtung der katholischen Theologie angehörte, glaubt er selbst an eine Kombination folgender Aussagen:

- Zur Zeit unserer Vorfahren wurde ein Mann als Sohn einer Frau geboren, die Jungfrau war; ein biologischer Vater war daran nicht beteiligt.
- Derselbe vaterlose Mann sprach zu seinem Freund namens Lazarus, der schon so lange tot war, dass er stank, und Lazarus wachte sofort wieder zum Leben auf.
- Der vaterlose Mann selbst wurde wieder lebendig, nachdem er tot und drei Tage lang begraben war.
- 40 Tage später stieg der vaterlose Mann auf einen Berg und verschwand dann mit seinem ganzen Körper im Himmel.
- Wenn man sich private Gedanken durch den Kopf gehen lässt, kann der vaterlose Mann (und auch sein »Vater«, der er selbst ist) die Gedanken hören und möglicherweise daraufhin etwas unternehmen. Gleichzeitig hört er auch die Gedanken aller anderen Menschen auf der Welt.
- Wenn man etwas Schlechtes oder Gutes tut, kann der vaterlose Mann es sehen, auch wenn es sonst niemand sieht. Entsprechend werden wir belohnt oder bestraft, auch nach unserem Tod.
- Die jungfräuliche Mutter des vaterlosen Mannes ist nicht gestorben, sondern wurde körperlich in den Himmel aufgenommen.
- Wenn Brot und Wein von einem Priester (der aber Hoden haben muss) gesegnet werden, verwandeln sie sich in Fleisch und Blut des vaterlosen Mannes.«

Jeder, der noch nie etwas davon gehört hat, hält das wahrscheinlich für hanebüchenen Budenzauber. Dagegen klingen die kamerunischen Konstrukte der Fang fast schon realistisch.

Katholizismus ist wie ein guter James Bond.
Wer viel von großen Effekten versteht, kann auf Realismus verzichten.

Selbst Papst Benedikt meint, die Jungfrauengeburt sei nicht biologisch zu sehen, sondern anthropologisch. Zur Ehrenrettung katholischer Theologen: Nicht wenige halten unter der Hand auch diese These vieler Religionswissenschaftler für möglich: Jesus wurde als Jeschua zwischen 7 v. Chr. und 2 n. Chr. als Sohn eines Bauhandwerkers in Nazareth geboren. Der griechische Philosoph Kelsos berichtet, dass dessen Mutter Maria ein Verhältnis mit einem Legionär hatte. Jesus sei nichtehelicher Herkunft. Die Jungfrauengeburt sei erfunden worden, um die »abstoßenden Umstände« seiner Geburt zu verschleiern. Aber das sind Peanuts einer typischen Patchworkfamilie im Präkariat Galiläas. Im rheinischen Katholizismus hat der Mann einen Vater. Hier nennt man Jesus liebevoll »Zimmermanns Jupp singe Jung!« (Zimmermanns Josef sein Junge.) Dass Josef nicht der leibliche Vater war, spielt rund um den Kölner Dom keine Rolle. Hauptsach is, dat Häzz is joot. (Hauptsache gutes Herz.) Und dass er nicht Zimmermann war, sondern, wie später auch Jesus, einfacher Bauhandwerker, ebenso – solche Leute mörtelten und setzten Steine. Der malochende Maurer kam viel später beruflich weiter. Erst Martin Luther beförderte ihn posthum zum Zimmermann. Aber immer das Genaue! Diese rheinische Haltung ist im Grunde bei Jesus selbst abgeguckt. Allzu viel Tamtam beim Ausüben der Religion lehnte er ab, und mit dem Sabbat nahm er es nicht so genau. Als er mit den Jüngern durch die Felder zog, riss er Ähren ab und kaute die Körner. Frei übersetzt gönnte er sich einen Müsli-Riegel. Daraufhin stellten ihn die Pharisäer zur Rede: »Das Abreißen der Ähren am Sabbat ist verboten.« Darauf konterte Jesus kackfrech: »Die Gesetze sind für die Menschen da, nicht die Menschen für die Gesetze.« (Mk 2, 23)

Neulich fuhr ich spätnachts von einem Umtrunk mit dem Rad nach Hause. Eine rote Ampel ignorierte ich, da weit und breit kein Auto kam. Dafür bretterte ein Polizeimotorrad an mir vorbei und brachte mich zum Halt. »Was soll das ungefähr kosten?«, fragte ich die Staatsgewalt auf der BMW. »20 Euro.« Ich fragte: »Herr Oberspielleiter, muss das wirklich sein? Die Gesetze sind doch für die Menschen da, und nicht die Menschen für die Gesetze.« Was soll ich sagen? Er hat das eingesehen und mich fahren lassen. Es lohnt sich also schon, wenn man sich in der Bibel auskennt.

Theologisch heiß wird es aber rund um Paulus, der circa 45 n. Chr. Zimmermanns Jupp singe Jung zum »Gott singe Jung« erhöhte. Jenen als politischen Verbrecher rechtskräftig Verurteilten, der die Todesstrafe der niedersten sozialen Schicht erlitten hat. Vor allem Paulus war es, der den Kreuzestod des vaterlosen Mannes in eine Heilsmaschine aus Sühne und Erlösung umdachte. Viele nach ihm versuchten, ein solches

Welterklärungsmodell zu schaffen. Freud ersetzte Schuld und Sühne durch Ich und Über-Ich. Simone de Beauvoir erklärte die ganze Welt mit dem Geschlechterkonflikt Frau und Mann, Karl Marx mit Ausbeutern und Ausgebeuteten. Daraus machte dann der legendäre Robert Lembke *Selbständig* und *Angestellter*. Ganz nebenbei erfand er damit die moderne Sozialdemokratie.

Aber Paulus können sie alle nicht das Weihwasser reichen. Über 16.000 Kilometer legte der rastlose Prediger zu Fuß und ohne Pendlerpauschale zurück, um sein religiöses System an Mann und Frau zu bringen. Das imponiert Handelsvertretern und selbst Atheisten bis heute. Immerhin brachte der besessene Bursche das gesamte antike Sittengebäude mit Hilfe des gekreuzigten Bauhandwerkers zum Einsturz. Er machte einen toten Maurer zur Abrissbirne des Polytheismus. Dennoch blieb und bleibt Skepsis gegenüber religiösen Eiferern.

Der israelische Satiriker Ephraim Kishon meinte: »Wenn mich jemand fragt, ob ich religiös sei, so antworte ich: Ich bin ein Überlebender des Holocaust. Meiner Meinung nach kann niemand, der den Holocaust überlebt hat, religiös sein.« Jetzt höre ich Sie schon sagen, da gibt es aber Gegenbeispiele. »Ja«, meint auch er, »ein bekannter Rabbiner in Israel behauptet, der Holocaust hätte stattgefunden, weil Gott sein Lieblingsvolk schneller bei sich haben wollte. Ich glaube das nicht. Ich bin voller Bewunderung für das Universum, und wir sind doch nur der kleinste Teil davon. Was bilden wir uns nur darauf ein.«

Die Geschichte der Erde

Unser Planet ist tatsächlich mikroskopisch klein im Universum. Selbst unser Sonnensystem mit allen Planeten und Monden, für uns unvorstellbar groß, ist im Verhältnis zum Universum kleiner als ein Sandkörnchen in der Sahara. Ähnlich verhält es sich mit der Bedeutung unserer Wenigkeit auf unserem blauen Planeten. Sie sehen auf den folgenden Seiten eine kleine Zeichnung: Die Entstehung der Erde in 5000 Millionen Jahren.

Jetzt machen wir es wie die Religionen, schreiben aus Eigenbeobachtung und Fantasie eine Schöpfungsgeschichte. Stellen Sie sich vor, Sie sind das Universum und liegen abends neben Ihrer Frau / Ihrem Mann im Bett! Sie waren zuvor noch alleine aus mit dem Verein, es gab Linsensuppe, Mettbrötchen mit Zwiebeln und das ein oder andere Bier obendrauf. Sie kommen nach Hause, der Partner schläft schon. Jetzt spüren Sie plötzlich, im leiblichen Untergeschoss wird noch gearbeitet. Die Linsen werden in die Einzelteile zerlegt – es entsteht ein Magenwind, der dann auch bald den Ausgang find'!

Die Angst, dass der andere durch Geräuschbelästigung geweckt wird, ist indes unbegründet. Geräusche entstehen nicht, vom Urknall ist hier nicht die Rede. Dafür sind die Winde temperaturmäßig umso höher angesiedelt. Lautlos und sehr heiß.

Um einen Ehekrach zu vermeiden, muss das Plumeau nun quasi wie fest getackert auf der Matratze die Situation hermetisch abriegeln, dass nur ja nichts rauskommt, sonst ist der Ärger da! Wenn alles dicht ist, können Sie die heiße Brise lautlos ausströmen lassen. Dann geht es Zug um Zug, das Plumeau wölbt sich bereits halbkreisförmig nach oben. Damit das nun nicht abhebt, gibt es nur eine Möglichkeit, wie Sie den würzigen Heißluftballon unbemerkt entleeren können: Das Plumeau über der Nase leicht anlupfen und dann durch den Riecher inhalieren. Herr Seitenbacher würde sagen: »Lecker, lecker, lecker!« Nun ausatmen zum Nachttisch hin und so den Ballon langsam leer pumpen, sodass sich mit einer gewissen Halbwertszeit dann die ganze Situation unter dem Bett langsam entsorgt.

So ist die Erde entstanden. Wenn ich jetzt sage, ich glaube an diese Schöpfungsgeschichte, Gott hat Verdauung, dann dürfen Sie meine religiösen Gefühle nicht verletzen. Sie können nicht beweisen, dass Gott keine Verdauung hat. Und dass die Erde aus einer Gaswolke entstanden ist, ist wissenschaftlich belegt. Der ehemalige Dominikaner-Mönch und Stern-Autor Hans Conrad Zander sagte:

»Mit Religionen verhält es sich wie mit moderner Kunst – beide haben eine offene Flanke zur Spinnerei.«

Ich finde, damit tut er der modernen Kunst unrecht. Warum aber soll es also neben Offenbarungs- und Erweckungsreligionen nicht auch Verdauungsreligionen geben? Thomas Morus hat uns schon im 16. Jahrhundert in einem überlieferten Gebet gezeigt, woher der Wind weht:

»Schenke mir eine gute Verdauung, Herr,
und auch etwas zum Verdauen.«

Wenn Sie dann sagen, diese Verdauungsevangelikalen spinnen, Gott kann nicht furzen, dann schweben Sie unter Umständen bereits in Lebensgefahr. Im Alten Testament steht eine der schlimmsten Strafen auf das Vergehen »Gotteslästerung«. In manchen Ländern sind solche Vorschriften noch in Kraft. Am 18. August 2001 wurde der Arzt und Dozent Dr. Younis Shaikh in Pakistan wegen Gotteslästerung zum Tode verurteilt. Er sagte seinen Studenten, der Prophet Mohammed sei

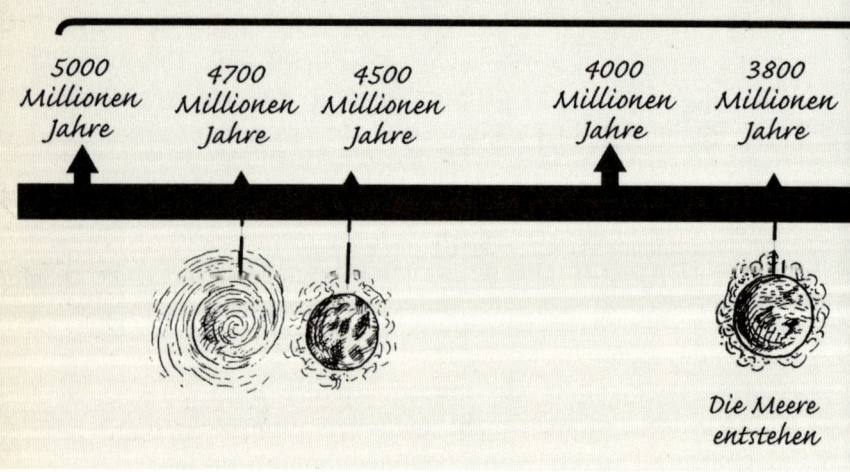

5000 Millionen Jahre   4700 Millionen Jahre   4500 Millionen Jahre   4000 Millionen Jahre   3800 Millionen Jahre

Die Meere entstehen

kein Muslim gewesen, da er die Religion erst mit Anfang 40 erfunden habe. Wegen dieser »Lästerung« haben ihn einige Studenten bei den Behörden angezeigt. In Afghanistan wurde Abdul Rahman 2006 zum Tode verurteilt. Wohlgemerkt nicht im Afghanistan der Taliban, sondern im befreiten Afghanistan von Hamid Karsai, der von einer Koalition unter Führung der USA eingesetzt wurde. Was hat Abdul Rahman verbrochen? Hat er jemanden ermordet, verletzt, bestohlen? Nein, er hat nur seine Meinung geändert und ist zum Christentum konvertiert. Das wird dort als lästerlich gesehen, wahrscheinlich gleichbedeutend mit »Gott hat Blähungen«. Rahman ist der Hinrichtung nur knapp entgangen, weil er auf geistige Unzurechnungsfähigkeit plädierte.

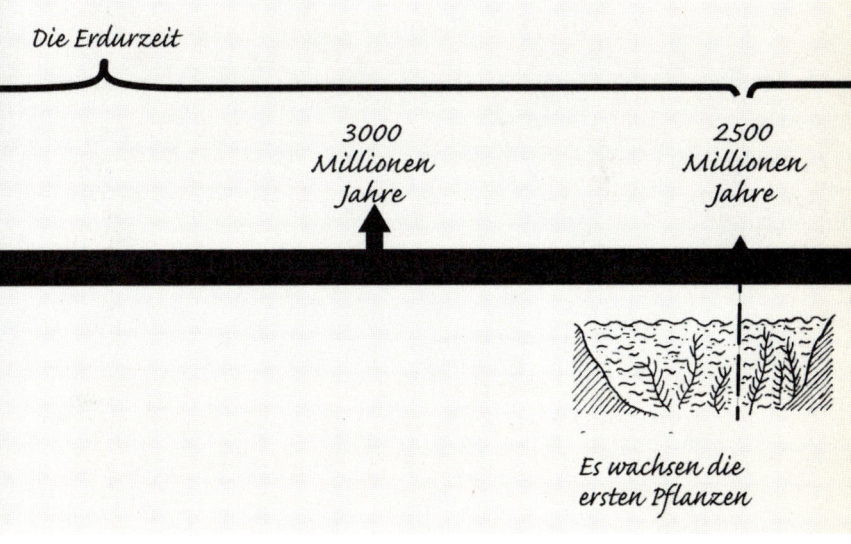

Die Erdurzeit

3000
Millionen
Jahre

2500
Millionen
Jahre

Es wachsen die
ersten Pflanzen

Eine Option, die ich für mich hier nun auch in Anspruch nehmen möchte. Schließlich finden wir die Gotteslästerung auch im deutschen Strafrecht. Das ist immerhin bemerkenswert, da hier die christliche Werteordnung gilt, die sich auf Jesus beruft. Dieser wagte sich um 29 n. Chr. nach Jerusalem, wo er gegen die Tempelsteuer und den jüdischen Opferkult opponierte. Nach kurzem Aufenthalt beschuldigte ihn der Hohepriester Kaiphas der Gotteslästerung. Der römische Präfekt Pontius Pilatus bestätigte das Todesurteil und ließ ihn kreuzigen. Ohne Blasphemie gäbe es das Christentum nicht, und das wäre doch auch wieder schade.

Bleiben wir also straffrei beim Gleichnis der gasför-

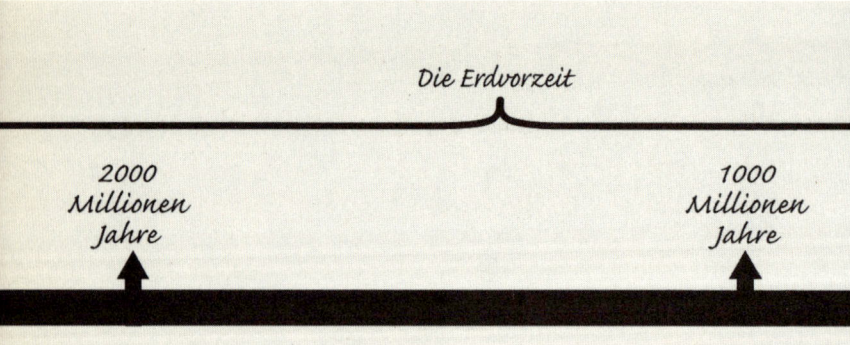

Die Erdvorzeit

2000
*Millionen
Jahre*

1000
*Millionen
Jahre*

migen Darmentleerung um die Entstehung der Erde, denn Fakt ist, dass sie aus einer heißen Gaswolke entstand. Wenn man größere Volumen eines heißen Magenwindes entweichen lässt, wird man irgendwann unvorsichtig und spürt plötzlich: »Oh! Da kam Land mit.«

Sie kennen das. So ist das gewesen. Die heiße Gaswolke wurde ein heißer, dampfender Köttel – unser Planet. Der Dampf ist hier entscheidend. Der Köttel kühlte nach und nach ab und bildete eine Kruste. So kühlte auch der heiße Dampf ab und konnte abregnen, so entstanden die Meere.

Erst 2500 Millionen Jahre nach dem Malheur entstanden die ersten Pflanzen. Erst mal unter Wasser,

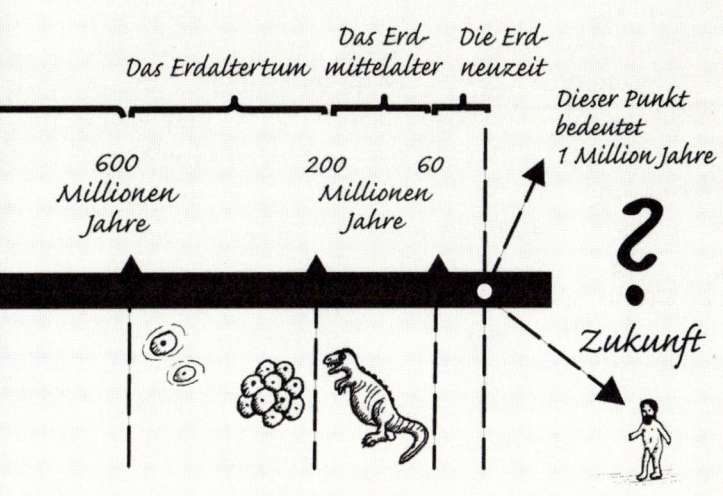

damit keiner gießen musste, wenn man in Urlaub fuhr. Und dann war Millionen Jahre lang die Erde komplett Gartencenter. 20 Prozent auf alles außer Tiernahrung. Denn Tiere gab es noch nicht.

Die ersten Tiere entstanden erst 600 Millionen Jahre von uns aus rückwärtsgerechnet. Erst mal Singles, die ersten Einzeller, dann gründeten die einen Verein, sieben im Vorstand, die ersten Mehrzeller.

Es folgten alsbald die Saurier. Für unsere Glaubensbrüder waren die nicht unproblematisch. Als man vor einigen Hundert Jahren die Skelette fand, haben die Menschen natürlich den Klerus zur Rede gestellt: »So große Tiere kamen aber im Alten Testament nicht vor.« Hätte auch nur ein tonnenschwerer Tyrannosaurus Rex auf der Arche Noah gestanden, wäre sie jämmerlich abgesoffen. Es muss also schon vor Gottes Schöpfung der Erde andere Tiere gegeben haben. Hieran sieht man wunderbar, wie witzig Religion funktioniert, mit welchen Winkelzügen man lieb gewonnene Gedankengebäude doch noch retten kann, obwohl man kraft der Beweislast mit dem Rücken zur Wand steht. Der Vatikan nahm die unglaublich großen Gebeine in Augenschein und verkündete dann, Gott hätte die Knochen auf die Erde gestreut, um uns zu verwirren. Um zu prüfen, ob wir auch wirklich glauben. Und damit war es gut. Die Katholen verblüffen auch mit ihrer Flexibilität immer wieder. Plötzlich ist Gott eine zweifelsäende Gebeineschleuder. Die himmlische Knochenkommission bittet zur Zwischenprüfung.

Und weil unhinterfragter Glaube eine Tugend ist, war die Gemeinde mit der Erklärung zufrieden, hat die

Prüfung bestanden, und Adam und Eva konnten noch bis Goethe und Darwin weiterexistieren, bei einigen Kreationisten Amerikas sogar bis heute.

Gottes archäologische Schnitzeljagd als Sauriersonderprüfung hat aber selbst bei uns heute noch Nachwirkungen. Wir machen bis heute die Saurier in unserer historischen Wahrnehmung chronologisch kürzer, als sie sind. Die Saurier waren eine Episode, Spielbergs *Jurassic Park*, die waren nur kurz da, schließlich sind sie ja ausgestorben.

Von wegen. Die Burschen waren geschlagene 140 Millionen Jahre on tour. Die Saurier waren die Rolling Stones der Evolution. Mit einem Unterschied: Die Saurier hatten ein Gefühl dafür, wann man abtreten muss. Nein, das war jetzt auch wieder typisch. Erstens machen die Rolling Stones das eigentlich noch ganz passabel. Zweitens: Die Saurier sind überhaupt nicht ausgestorben, die haben sich weiterentwickelt und sitzen heute auf unseren Bäumen und tun dasselbe wie Mick Jagger – singen. Da sind die Vögel draus entstanden.

Da stellt sich natürlich die Frage: Wir bleiben ja nicht Mensch, sondern sind wie alle anderen Lebewesen ein Übergangsprodukt. Was mag aus uns mal werden? Vielleicht ein Glühwürmchen mit zweitem Bildungsweg? Wer weiß. Aber uns gibt es ja noch nicht lange, wir sind ja noch ganz frisch auf dem Markt.

Dieser kleine weiße Punkt: Das sind wir. Länger gibt es uns noch gar nicht. Sie sehen das Männchen unten in der Zeichnung, das ist Wolfgang Thierse. Aber wir haben dennoch das Gefühl, wir sind die Krone der Schöpfung, und den Rest kannste knicken. Dabei haben wir das meiste verpasst. Aber wir wollen die Welt regieren.

Das ist so, als würden Sie als neues Mitglied in einen Kegelclub gehen und direkt Präsident werden wollen. Das ist unsympathisch. Das sehen die anderen Kegelbrüder nicht gern. Und deshalb findet uns der Rest der Schöpfung wahrscheinlich ziemlich unsympathisch. Der kann das bloß nicht sagen. Wobei der Mensch ja erst mal im Einklang mit der Natur gelebt hat.

Warum haben Frauen Handtaschen?

Beim Menschen muss man zunächst die Frage stellen: Was macht der eigentlich beruflich? 99 Prozent seiner Existenz war der Mensch Jäger und Sammler. Man sagt landläufig, die Männer eher Jäger, die Frauen eher Sammler. Deshalb haben Frauen heute noch Handtaschen. Jäger hat man hingegen heute kaum noch. Vielleicht der Beamte. Der Beamte ist ein Jäger, zu dem der Hirsch am Monatsanfang direkt ins Büro kommt und dann von selber tot umfällt. Und im Dezember kommen sogar zwei. Aber das sind Vorurteile: Heute ist beim Beamten der Hirsch nur noch ein Kaninchen.

Zu 99 Prozent dieser Zeit als Jäger und Sammler waren wir nicht religiös im heutigen Sinne. Dass man an Götter oder an Gott glaubt, ist eigentlich neumodischer Plunder. 99 Prozent unserer Existenz als Mensch glaubten wir einfach an die Verstorbenen. Die Menschen haben früher gedacht, was man nachts träumt, ist echt. Die konnten ja nicht wissen, dass das Hirnchemie ist. Dass man da nachts irgendwas verarbeiten muss. Und jetzt träumen wir ja schon mal von Menschen, die zurzeit nicht mehr am Leben sind. »Ich hab heut Nacht von der Tante Anna geträumt, die hatte die Klunker noch an allen Händen, sah aber gut aus.« Solche Träume kommen vor, obwohl die Beerdigung schon Monate zurückliegt. So haben die Menschen früher geglaubt: Die Toten leben noch! Sonst könnte man nicht von ihnen träumen. Und die haben uns was voraus, die sind ja quasi vorausgegangen. Darum hat man sie verehrt. Die verstorbenen Verwandten: Das war die Ahnenverehrung – haben wir's doch geahnt.

Erst vor Kurzem haben wir die Verstorbenen nach und nach erhöhend zu vergöttern begonnen. So sind zunächst immer gute und schlechte Götter entstanden. Götter und Dämonen. Man ist ja schon mal auf einer Beerdigung und denkt: »Gut, dass er weg ist. Er war ein fieser Möpp!« Da ist letztlich der Teufel draus entstanden. Die Hörner symbolisieren die bucklige Verwandtschaft.

So wurden aus den Erzählungen um die Toten die Geschichten der Götter, und wunderbare Religionen entstanden. Die meisten dieser Religionen sind ja leider schon längst wieder weg. Das ist sehr schade. Religionen sind ja wie Kneipen. Die sind eine Weile angesagt und dann nicht mehr. Dann rennen plötzlich alle in die moderne Erlebnisgastronomie um die Ecke. Dann kommt der Container, und der nächste Pächter macht Happy Hour mit Überbau. So 3000 bis 4000 Jahre, länger halten Religionen in der Regel nicht. Darauf müssen sich die Gläubigen einstellen.

Die älteste bekannte Schrift-Religion ist die der Sumerer, ab 8000 v. Chr. zwischen Euphrat und Tigris. Also der heutige Irak. Irak heißt ja sinngemäß übersetzt: die Elite der Propheten. Der Irak ist uns allen ja etwas nähergebracht worden ihrerzeit von dem Entführungsopfer Susanne Osthoff. Sie erinnern sich, die eigensinnige Archäologin war in die Mühlen der Presse geraten und hat dann bei Beckmann ihre Liebe zum Orient erklärt und ihre Ehre quasi prophetisch wiederhergestellt: Sie müsse wieder zurück in den

Irak, sie liebe das Abenteuer, und sie wisse auch morgens noch nicht, wo sie abends schlafe. Da habe ich gedacht: Das erinnert dann doch eher an Karneval. Das hätte mancher dem Moslem gar nicht zugetraut.

Aber im heutigen Irak ist alles erfunden worden, was man für einen Karnevalswagen braucht: das Rad, die gelagerte Achse, die Schrift. Das waren die Sumerer mit einer höchst witzigen Religion: Man glaubte, die Götter haben die Menschen nur deshalb erschaffen, damit sie selber nicht mehr arbeiten müssten. Das ist durchaus logisch. Unsere ganze Maloche auf Erden gibt es nur, damit die Götter nach dem Motto leben können: Lieber zu dritt trinken als für drei arbeiten. Die religiöse Botschaft der Sumerer ist klar: Faulheit ist etwas Göttliches.

Insofern kann man sagen: Die Sumerer sind die Rheinländer des Orients. Und nicht die Westfalen. Den Unterschied kennen Sie ja: Wenn der Westfale morgens aufsteht, dann sagt der: »Hach! Was kann ich heute schaffen?« Wenn der Rheinländer morgens aufsteht, sagt der: »Hach, wo jehn wir heut' Abend hin?«

Gibt es im Himmel Mücken?

Die wichtigste aller religiösen Fragen: Haben Sie einen Hund? Oder eine Katze? Dann ist für Sie an sich das Christentum nicht optimal. Denn bei den Christen hängt ja oben an der Himmelspforte ein Schild:

Wir müssen draußen bleiben

Früher als Kinder haben wir immer gefragt: Kommen Tiere in den Himmel? Da hieß es: Nein, weil die keine Seele haben. Und das ist schon blöd, wenn ein alter alleinstehender Mensch stirbt, und der kann dann seinen Purzel nicht mitnehmen. Da sind viele Altersheime der Arbeiterwohlfahrt inzwischen servicefreundlicher als das Paradies der Amtskirche.

Wenn Sie Haustiere mögen, ist der Islam für Sie besser geeignet, denn da kommen auch Tiere in den Himmel. Dafür aber keine Frauen. Obwohl das noch nicht geklärt ist. Jeder Moslem kennt die rührende Geschichte: Mohammed kommt nach Hause und legt seine Jacke aufs Sofa. Wie Männer so sind. Die legen das einfach dahin und denken: Die Frau räumt das schon weg. Jetzt hat der aber ungefähr 16 Frauen, da fühlt sich natürlich keine zuständig. Jetzt liegt die Jacke da, und seine Katze kommt, kuschelt sich schön auf den Jackenärmel und macht ihr Nickerchen. Nun will Mohammed wieder aus dem Haus gehen und die Jacke anziehen. Aber die Katze will er nicht wecken, das tut ihm zu leid. Er geht in die Küche und holt die Schere aus der Schublade, und jetzt zeigt der Prophet wahre Größe. Er schneidet der Katze zuliebe den Jackenärmel ab! Mohammed verlässt das Haus in einer Jacke mit halbem Arm. Als er heimkehrt, bedankt sich die Katze schnurrend bei ihm, macht einen Buckel. Da spricht Mohammed zu ihr: »Auch du wirst einen Platz im Paradies haben.« Das ist schön. Deswegen sieht man auch so wenige Mäuse mit Kopftuch.

Übrigens muss ich noch etwas nachtragen. Papst Johannes Paul II. hat noch vor seinem Tode das Paradies geändert. Er hat gesagt, dass Tiere doch in den Himmel kommen. Wirklich wahr! Begründet hat er es genau so, wie ich eingangs zu bedenken gab. Alte Menschen sollen ihre Lieblinge mitnehmen dürfen. Dass der Papst das einfach so bestimmen kann? Tiere im Himmel. Er ist ja nur Stellvertreter Gottes. Im Altersheim muss das der Chef persönlich absegnen.

Aber halten wir fest: Der katholische Himmel hat in der Haustierfrage mit dem Islam gleichgezogen. Konkurrenz belebt das Geschäft. Und das ewige Leben. Denken Sie daran, wenn Sie das nächste Mal in einen Hundehaufen treten.

Das kann Ihnen im Himmel auch passieren. Ewig! Oder fällt das runter auf die Erde? Ist mancher Hundehaufen auf dem Trottoir ein Amuse-Gueule aus dem ewigen Leben? Wir warten jedenfalls gespannt auf die Kampfhunde-Verordnung der apostolischen Glaubenskongregation.

Internationale Religionsanbieter

Bei anderen Religionen sind Tiere nicht nur der himmlische Schoßhund der erlösten Seelen, da können die Tiere richtig Karriere machen.

Beim frühen Inder zum Beispiel ist Gott eine Schildkröte: Im alten indischen Schöpfungsmythos ist die Schildkröte der Gott Vishnu. Dieser schwamm mit seinem Panzer in einem Meer aus Kuhmilch. Am Urgrund dieses Milchmeeres lebte die Urschlange Anate. Eines Tages begab sich die Schlange auf den Weg nach oben und wickelte sich mehrfach um die Schildkröte herum. Im indischen Schöpfungsmythos kommt es dann zu einem Tauziehen um den Ursprung der Welt. Die bösen Dämonen zogen am Schwanz und die guten Götter am Kopf der Schlange, die nach wie vor um die Schildkröte gewunden ausharrte. Durch die Zugkraft begann sich nun die Schildkröte zu drehen, immer wieder nach links und nach rechts, Sie kennen das von der Salatschleuder, nur dass das Ganze ja wie gesagt in Milch stattfand. Der sich mit ausgestreckten Pfoten drehende Vishnu hatte die Wirkung eines Krupp Drei Mix auf höchster Stufe. Physikalisch völlig logisch, behaupten die Inder, Gott hätte wie ein Mixer die Milch zu Butter geschlagen, ein riesiger Berg entstand, und aus diesem erwuchs die Erde mit allem Drum und Dran.

Der Butterberg ist also keine Erfindung der EU-

Kommission für Landwirtschaft und Ernährung, sondern hier die Grundlage unserer Schöpfung, und deshalb sind auch in Indien die Kühe bis heute heilige Tiere. Denn sie geben die Milch, aus der das ganze Leben entstanden ist. Später wechselte man in der Schöpfungsgeschichte von der Milch zum Ei, aus dem der Gott Brahma geboren wurde. Die Kühe blieben aber trotzdem heilig, und die Hühner wurden es nie. Manchmal ist die Schöpfung eben ungerecht.

Auch die Finnen sahen das Ei als Ursprung des Lebens. Sie glaubten, dass Himmel und Erde aus einem zerbrochenen Ei entstanden. Aus Versehen. Der Urknall auf dem Küchenfußboden. Aus dem Eiweiß entstanden Sonne und Sterne, aus dem Dotter der Mond. Aber hier ist jetzt Folgendes interessant: Am Anfang war das Himmelszelt viel zu tief über der Erde angebracht, sodass die Menschen nicht aufrecht laufen konnten, alle mussten gebückt gehen, wenn sie sich nicht dauernd die Rübe stoßen wollten. Das war lästig, aber man kannte es ja nicht anders.

Der tiefergelegte Himmel hatte außerdem einen unschätzbaren Vorteil: Man war unheimlich nah bei den Göttern, quasi in Ruf-, Hör- und Riechweite. Man konnte sich permanent mit den Göttern unterhalten, hat sich geduzt, und wenn einem für die Bratkartoffeln mal das Salz fehlte, konnte man sich das eine Etage höher leihen. Götter als hilfsbereite Nachbarn eine Treppe höher in der Mansarde.

Dennoch beschwerten sich eines Tages die Frauen über den Niedrighimmel. Die Frauen sind sehr oft der Motor der Veränderung. Fast ausschließlich stiften Männer die Religion, die Frauen müssen sie dann so verändern, dass man sie auch gebrauchen kann. Eine Religion muss ja auch praktisch sein. Der Wunsch nach Hochsteckfrisuren oder Pumps war damals bei den Finninnen nicht ausschlaggebend. Hauptkritikpunkt am Niederflurhimmel: Der Rauch zieht nicht ab.

Jetzt werden Sie einwenden: Damals gab es doch noch gar keine Raucher. Außerdem wäre das heute kein Problem. Die müssen sowieso überall nach draußen zum Rauchen. Die meisten Raucher sterben ja nicht an Krebs, die erfrieren auf dem Balkon.

Die Finninnen meinten jedoch den Rauch der Kochstelle. Es gab ja noch kein Ceranfeld, geschweige denn einen Induktionsherd. Die Götter akzeptierten die Kritik der Frauen. Sie setzten eine Kommission ein, die dann den Vorschlag unterbreitete, einen Riesen zu beauftragen, der in der Lage war, das Himmelszelt anzuheben. So wurde es gemacht, die Leute konnten sich endlich aufrichten, und der Rauch konnte abziehen. So ist beim Finnen der aufrechte Gang entstanden. Daher kommt letztendlich das Wort Finale.

Allerdings merkte man dann erst, dass die Menschen sich nicht mehr mit den Göttern unterhalten konnten. Die waren zu weit weg. Dadurch ist ein neuer Berufsstand entstanden: Schamane und Priester. Vermittler zwischen Menschen und Göttern, lebende Funkgeräte, die den Sprechkontakt wiederherstellen.

Die Kanaanäer

3000 v. Chr. brachten die Kanaanäer eine Neuerung in die Religionen, die bis heute serienmäßig zur Ausstattung gehört: die Auferstehung.

Gott Baal, der Herrscher über die Menschen und die Götter, wurde im Kampf getötet und stand zu neuem Leben wieder auf. Und zwar, das ist jetzt das Tolle, nicht nur einmal, wie Jesus, sondern immer wieder. Wir haben also hier die Auferstehung nicht als einmaliges Weltwunder, sondern als regelmäßiges Kulturprogramm für die Gläubigen.

Sie merken, in dem Punkt sind Religionen wie Autos. Wenn sich ein Ausstattungsmerkmal bei einem teuren Modell bewährt hat, wie vor 30 Jahren der Airbag in der S-Klasse, dann haben das irgendwann alle.

Eine Religion ohne Auferstehung können
Sie heute am Markt kaum mehr platzieren.

Etwas in der Art sollten Sie serienmäßig haben. Sonst ist das wie ein Auto ohne Klimaanlage oder Schiebedach. Das werden Sie kaum los.

Als dann 1200 v. Chr. die Israeliten die Kanaanäer besiegten und sich mit ihnen vermischten, stellte sich die Frage: Welche Götter sollemer nehmen? Eure oder unsere? Zu mir oder zu dir? Man einigte sich auf dem Berg Sinai auf einen gemeinsamen Schutzgott Jahwe.

Es gab natürlich noch andere, jedoch erschuf Jahwe damals die Erde, den Regen und den Menschen. Jetzt neu – nicht mehr aus Schildkröten, Milch oder Eiern, jetzt ist der Bauernverband an der Reihe – aus feuchter Ackererde! Jahwes humanitärer Feldversuch gelang, er hauchte dem Männeken aus der Furche seinen Lebensatem durch die Nase ein, und der Mensch war geboren. Jupp van der Felde.

Hierauf folgen dann die bekannten Geschichten des Alten Testaments. Es sei denn, Sie glauben was anderes.

Jungfrauengeburt

Genauso wie die Auferstehung keine Erfindung des Christentums ist, so ist auch die Jungfrauengeburt, die die »abstoßenden Umstände« (Kelsos) um Jesus' uneheliche Geburt überstrahlen sollte, schon bei älteren Religionen getestet worden.

Nun ist die Jungfrauengeburt nicht zu verwechseln mit der unbefleckten Empfängnis. Das wird ja gerne durcheinandergebracht. Unbefleckt ist Maria nicht, weil sie angeblich keinen Sex hatte, sondern keine Erbsünde. Wir alle kommen ja laut christlicher Dogmatik bereits als Sünder auf die Welt. Wir haben Adams und Evas Sündenfall geerbt. Im Kreißsaal kaum aus dem Mutterleib geflutscht, haben wir noch vor dem Durchschneiden der Nabelschnur bereits einen Apfel entwendet. Und das hat Jesus' Mutter nicht. Maria ist nicht wie du und ich als Sünderin geboren worden und hat auch kein Obst entwendet. Nur so konnte sich der Heilige Geist an sie heranmachen und befruchten, ohne sich selbst zu beflecken. Schließlich vermochte so auch Jesus als Gottessohn sündenfrei in der Krippe zu liegen und durchs Leben zu gehen.

Damit die katholische Dogmatik in sich konsistent bleibt, muss folglich Marias Mutter Anna ebenfalls bereits 100 Prozent ohne Sünde, Fehl und Tadel sein. Auch Anna ist ohne Erbsünde, sonst ist das bei Maria nicht logisch zu erklären. Warum aber ist Anna für sich genommen ohne Erbsünde? Da kommt selbst mancher Pfarrer ins Schleudern und wechselt das Thema mit dem Satz: Das sind unwichtige Detailfragen.

Jeder kennt das: Einmal eine falsche Aussage gemacht, wird bei kritischen Nachfragen das Lügen zum Erhalt der Falschaussage ein immer komplizierteres Gebäude. Der Lügner braucht Fantasie, einen flexiblen Geist und ein gutes Gedächtnis. Die falsche Aussage ist intellektuell viel anspruchsvoller als die profane Wahrheit. Der Hinweis, dass Papst Benedikt ein Intellektueller sei, ist profan. Er muss es sein.

Die geniale Geschichte um Maria, die keine Flecken mochte, hat jedenfalls ein schlüssiges Endergebnis. Die unbefleckte Empfängnis ist die Voraussetzung für Schwangerschaft ohne Beischlaf. Deswegen klappt das damals wie heute so selten.

Oscar Wilde fragte: »Was ist Wahrheit? In Fragen der Religion einfach die Anschauung, die überlebt hat.«

Muschelsex

Im Tierreich gehört die Jungfrauengeburt zum guten Ton, etwa bei Muscheln. Gesteuert durch chemische Signale stoßen Männchen und Weibchen synchron ihre Geschlechtszellen ins Wasser aus, dort findet dann der eigentliche Liebesakt ohne ihr weiteres Zutun statt: Wie von heiliger Geisterhand verschmelzen Eizellen und Spermien. Daraus entstehen Tausende winzige neue Muschellarven. Vielleicht liegt dort ein verborgener Hinweis auf die Muschel als kirchliches Symbol. Manche dürfen gar durch ihren Namensgeber Jakob als geheiligt gelten.

Die Muschel als religiöses Symbol

Immerhin konnte der Perser bereits 500 v. Chr. eine Jungfrauengeburt auf dem religiösen Präsentierteller vorweisen, die an den Muschelsex erinnert. Solch komplizierte Glaubensarithmetik wie die Katholen hatte er dazu nicht nötig, konnte man doch auf einen Gott der Zeit vertrauen – Zurvan. Dieser Gott kümmerte sich wahrscheinlich auch um die Uhrumstellung. Wichtiger aber: Zurvan onanierte freudig und ergoss seinen Samen in einen Badesee. Dort schwamm der dann an der Wasseroberfläche herum.

Was nun passierte, kann man sich fast denken: Es kommt ein leckeres Mädchen, zieht sich nackelig aus, geht dort baden, und jetzt kommen zwei Elemente zusammen, die zusammengehören: die Badenixe – und die Badewichse! Das Mädchen wird beim Baden befruchtet. Sie wird schwanger. Wir kennen heute noch die Seebestattung, aber es gab eben auch die Seebegattung. Dieses Mädchen gebar dann einen Propheten: Also sprach Zarathustra! Und das war kein Badeunfall.

Zarathustra hat den Opferkult neu geordnet, und seine Schriften wurden im 18. Jahrhundert auch bei uns bekannt. In Erinnerung an den Kindersegen aus dem Badegewässer spricht man in Süddeutschland heute noch vom Titisee.

Die Griechen

Wenn wir über Schöpfungsmythen sprechen, dürfen wir auf gar keinen Fall die Griechen auslassen. Neben ihren berühmten Philosophen und Denkern Sokrates, Aristoteles und Rehhagel haben sie auch einen wunderbaren Schöpfungsmythos, den man in Platons Symposion nachlesen kann: Die Menschen waren früher Kugeln! Ein bisschen wie Reiner Calmund: »Herr Becker, ich han kein Zeit, ich muss zum Essen.« Aber noch runder.

Den alten Griechen zufolge waren wir früher richtige kugelrunde Kugeln. Kugeln mit vier Beinen, vier Armen und einem Kopf mit zwei Gesichtern und vier Ohren. Dabei hatten wir doppelt so viel Power wie heute. Wenn wir es eilig hatten, streckten wir alle acht Gliedmaßen von uns und rasten wie rotierende Kugelblitze über die Erdoberfläche! Vor lauter Übermut wollten wir rauf in den Himmel und den Göttern den Garaus machen.

Und da hat der Zeus gesagt: »Freunde, so geht es nicht! Aber was soll ich machen? Soll ich die alle umbringen?« Das ging natürlich nicht, die Menschen wurden ja gebraucht, sie sollten den Göttern dienen. Das war damals noch Usus, dass die Götter die Menschen erschaffen haben, damit die die Arbeit machten. Deswegen hat Zeus sich etwas überlegt: »Ich halbiere die, dann habe ich nämlich doppelt so viele, und sie sind nicht mehr so frech!« Er nimmt ein Schwert und hackt die Kugeln mittenmang durch den Kopf in zwei Hälften. Er zieht die Haut über die Schnittstelle, knotet sie vorne zusammen, und da ist dann der Bauchnabel draus entstanden. Seitdem haben wir nur noch zwei Beine, zwei Arme und einen Kopf mit zwei Ohren und einem Gesicht.

Allerdings war das Gesicht hinten. Vorne war der Bauchnabel und hinten das Gesicht. Die musikalischsten dieser halbierten Menschen wurden dann Dirigent. Philharmonie – das griechische Wort erinnert daran – Freunde des Wohlklangs. Der Dirigent stand früher wie heute mit dem Rücken zum Publikum, konnte das Orchester dirigieren und dabei aber gleichzeitig das Publikum angucken.

Seit dieser Teilung in zwei Hälften suchen wir Menschen alle unser Gegenstück. Das ist im Grunde die Lebensaufgabe der Menschheit: Finde die Halbkugel, die zu dir passt. Das Spiel heißt Ehe. Das Dilemma: Wir schaffen das natürlich nicht. Bei sechs Milliarden Menschen ist die Wahrscheinlichkeit, dass man genau die Halbkugel findet, die zu einem gehört, extrem gering. Man muss sich in der Regel mit einem an der Schnittstelle mehr oder weniger unpassenden Gegenstück zusammenraufen. Eheanbahnungsinstitute sprechen deshalb vom Partnerprofil. Sie können sich also von Ihrem Mann oder Ihrer Frau trennen und auf die Suche nach der richtigen Halbkugel gehen. Aber bedenken Sie: Die Wahrscheinlichkeit, dass Sie diese finden, ist nach wie vor wahnsinnig gering. Ein wunderbarer Schöpfungsmythos also, bei jedem Ehekrach als tröstendes Bild empfohlen. Frei erfunden wie viele

Mythen – und doch wahr. Darum sagen wir ja heute noch: Das ist meine bessere Hälfte!

Nun hatten die damals dasselbe Problem wie wir heute: zu wenig Kinder. Diese halbierten Menschen vermehrten sich kaum, weil der Kopf nach hinten zeigte und die Paare sich beim Liebesakt nicht angucken konnten. Jetzt wird hier mancher denken: Dat is doch egal! Aber die meisten wollen doch wissen, mit wem sie es zu tun haben. Und da soll der Aristophanes gesagt haben: »Ich dreh denen die Köpfe rum.« Seitdem steht uns der Kopf so, wie wir ihn heute haben.

Übrigens: Der Dirigent ist heute der einzige Künstler auf der Welt, der es wagen kann, dem Publikum den Rücken zuzukehren. Könnte ich als Kabarettist zum Beispiel nicht bringen. Wenn ich den Zuschauern den ganzen Abend den Rücken zudrehen würde, käm keine Sau. Beim Dirigenten verzeiht man das, weil man weiß, woher es kommt. Jetzt gibt es einige Dirigenten, die versuchen, diesen Schönheitsfehler im Schöpfungsmythos auszugleichen, indem sie sich seitlich zum Orchester stellen. Die dirigieren dann mit der linken Hand und grinsen gleichzeitig ins Publikum. Diesen Menschentypus nannte Zeus damals James Last.

Glaube ärgert Vernunft

Bei diesen alten Mythen und Religionen sagen wir alle amüsiert: Wer glaubt denn so was? Das wird man mit Sicherheit über uns auch mal sagen. Das ist völlig normal. Die Menschen haben immer gezweifelt. Der Zweifel ist zweifellos unser Markenzeichen. Wer nicht rechtzeitig zweifelt, ist am Ende verzweifelt. Der Glaube bringt die Menschen oft auseinander, weil sie alle etwas anderes glauben und sich dann in Kriegen die Köpfe einhauen. Aber der Zweifel bringt sie wieder zusammen. Der Mensch zweifelt, zaudert und zögert. Deswegen gibt es heute auch so viele Berater. Lebensberater – Unternehmensberater – Kanzlerberater.

Berater entdecken unser Zaudern als Marktlücke, sind mental Niederrheiner. Wie der selige Hanns Dieter Hüsch es definiert hat: Der Niederrheiner weiß nichts, kann aber alles erklären! Der Berater weiß auch nichts, aber er enthemmt in die eine oder andere Richtung. Und wenn Ihr Berater einen Draht nach oben hat, dann enthemmt er noch mehr. Dann können Sie immer sagen, ja, hat der ja auch gesagt.

Bei der eigenen Religion halten sich die Menschen mit Zweifeln oft vornehm zurück. Aber bei den anderen kommt schnell der Gedanke: »Wat ene Quatsch!«

Schon Apostel Paulus hat gesagt: »Der Glaube ist ein Ärgernis für die Vernunft.« Auch Martin Luther sah in der Vernunft den Erzfeind der Religion: »Die Vernunft ist das größte Hindernis in Bezug auf den Glauben, weil alles Göttliche ihr ungereimt zu sein scheint, dass ich nicht sage, dummes Zeug. Wer ein Christ sein will, der steche der Vernunft die Augen aus.« Die Vernunft solle man den Christen also lieber austreiben. Auch wenn die evangelische Kirche gar keine Kirche ist, wie Papst Benedikt XVI. formulierte, hier sind sich die beiden Konfessionen einig – Kardinal Meisner geht mit Luther d'accord, allerdings bedient er sich mehr der Rhetorik des Magenwinds, wenn er heiße Luft predigt: »Wenn sich menschliche Vernunft aufbläht, stirbt der Heilige Geist!« Diese Predigt im Kölner Dom habe ich mit eigenen Augen und Ohren vernommen.

Menschliche Vernunft ist also kein Schatz, den man pflegen und hüten muss, sondern eine Blähung, die man sich verkneifen sollte. Der Papst hingegen versucht in komplizierten theologischen Abhandlungen zu beweisen, dass Gott vernünftig ist und Vernunft göttlich. Einfacher kann es Pfarrer Franz Meurer: »Wenn ich mich entscheiden müsste zwischen Republik und Religion, würde ich mich immer für die Republik entscheiden. Wenn ich aber beides haben kann, nehme ich die Religion natürlich mit.«

Damit ist die richtige Reihenfolge wiederhergestellt. Auch hier zeigt sich die Parallele zum Humor. Die Fehlinformation im Gehirn kann das Lachen nur auslösen, wenn zuvor die vernünftige, richtige Information vorliegt. Ich kann über die Torte im Gesicht nur lachen, wenn ich weiß, dass »normal« niemand ein Wurfgeschoss daraus macht.

Chlodwig

Sind wir das christliche Abendland, weil bei uns die Kulturveranstaltungen meistens abends sind? Im Gegensatz zum Morgenland, wo man ja eher die Matinee mag? Der Moslem kennt ja kein Kabarett. Wir müssen unterscheiden zwischen Minarett und Kabarett.

Zum christlichen Abendland wurden wir nicht, weil wir es so toll fanden, Christen zu werden. Die große Mehrheit unserer Vorfahren fand das ganz und gar nicht toll, das musste man schon brutal in uns hineinprügeln. Wir sind Christen, weil da zuvor einer gezweifelt hat, und zwar an dem, was vorher war: der berühmte Merowinger-König, Frankenherrscher und Germanenführer Chlodwig.

Bei den Merowingern wurde folgender Mythos überliefert: Chlodwigs Vorfahre Chlodio ging mit seiner Frau schwimmen. Alsbald erschien ein Meerungeheuer und fiel die beiden an. Passiert ist aber nichts. Einzig: Die Frau war hinterher schwanger. Die Jungfrauengeburt wurde hier kombiniert mit einer Prise Sodomie. Das Ungeheuer war wie der Heilige Geist ein göttliches Wesen. Seitdem war das Geschlecht der Merowinger logischerweise ein göttliches Geschlecht. Resultat: Chlodwig war selber Gott. Das ging früher, schon Cäsar war Gott-Kaiser. Gott war früher ein Ausbildungsberuf. Der Letzte, der das noch konnte, war Karel Gott.

Das Gefühl, selber Gott zu sein, war bei den Germanen üblich, und wir Rheinländer kennen das als Nachfahren heute noch. Wenn man nicht alles selber macht! Ich kenne das Gefühl, selber Gott zu sein, auch. Wenn ich abends nach 30 Kölsch nach Hause komme, sagt meine Frau immer: Mein lieber Gott, wie siehst du denn aus?

Mit der Sprache muss das zusammenhängen, denn als Gott diese verteilte, haben alle etwas Schönes bekommen:

die Hannoveraner das Hochdeutsch,

die Norddeutschen das Platt,

Bajuwaren das Bayerisch,

die Sachsen – na gut,

die Pfälzer das Pfälzisch und so weiter.

Allein die Rheinländer gingen leer aus. Sie beschwerten sich bei Gott, am lautesten die Kölner: »Alle kriegen was, und wir sollen leer ausgehen!« »Och«, sagte Gott, »euch hab' ich vergessen. Wisst ihr was? Dann sprecht'r ersemal so wie isch!«

So ist den Rheinländern das Gefühl, selber Gott zu sein, bis heute vertraut.

Chlodwig war also Gott und hörte nun, da unten im Süden ist das Christentum schwer im Kommen. So hat der sich zunächst mal Prospektmaterial kommen lassen und sich erst mal schlappgelacht über den Jesus am Kreuz. Das Häufchen Elend soll ein Gott sein? »Der abgehangene Freak am Kreuz? Wenn das der Sohn ist, möchte ich nicht wissen, wie der Vater rumläuft!« Götter hat man sich bei den Germanen doch etwas heroischer vorzustellen als so einen dürren Jupp auf der Latte, der fast vom Fleisch fällt.

Wald versus Wüste

Gegen das Christentum sprach aus Germanensicht zweierlei: Erstens war es eine Importreligion aus einer ganz anderen Gegend. Zweitens hatte sie nur einen einzigen Gott anzubieten. Wir Germanen hatten dagegen eine Riesenauswahl, wer wollte, für jeden Tag einen:

Donar am Donnerstag –

Freya am Freitag –

Thor am Samstag, rufen wir ja heute noch: Thor Thor Thor!

Thoringa: Söhne des Thors – Thüringen.

Also die Wiedervereinigung war auch schon mit eingearbeitet.

Da konnte der Monotheismus nicht mithalten. Es ist auch kein Zufall: Die drei monotheistischen Religionen Judentum, Christentum und Islam sind alle in der Wüste entstanden. Das kann man sich erklären: Wenn man so einen Haufen Sand sieht, denkt man: Da hätt' ich auch selber drauf kommen können! So etwas kann einem einfallen, wenn man allein ist. Wenn man aber durch die germanischen Mischwälder läuft mit all der Artenvielfalt, dem Vogelgezwitscher, den Farnen, Pilzen, Damwild, den Würmern, zig Baumsorten, Räuber Hotzenplotz noch dabei, da wird einem sofort klar, das kann nicht einem allein eingefallen sein, da muss eine ganze Entwicklungsabteilung mit Ingenieuren und allem am Werk gewesen sein. Der Teutoburger Wald ist Teamwork.

Der Monotheismus konnte nur in der Wüste entstehen und war für uns Germanen nicht attraktiv, sind die drei monotheistischen Religionen doch auch die drei kriegerischen Weltreligionen. Wobei die meisten Kriege von christlichen Ländern ausgingen. In der Wüste ist der Besitz von fruchtbarem Land überlebenswichtig.

Die asiatischen Weltreligionen sind dagegen so friedlich wie Knäckebrot. Shintuismus, Taoismus, Buddhismus – da hört man keine Klagen, die funktionieren einfach. Wie japanische Autos: sehr zuverlässig, aber ein bisschen langweilig. Mit kühlem Kopf konstruiert. Bei den drei Wüstenreligionen Judentum, Christentum und Islam fliegt seit Jahrtausenden irgendetwas in die Luft, Fehlzündungen durch spirituelle Überhitzung. Ich will jetzt nicht sagen, der Monotheismus ist ein Hitzeschaden der Religionsgeschichte, obwohl – im Grunde ist es schon so. Es ist ein Glaube aus der Heißmangel. Der Herrgott überbacken. Folge: überhitzte Reaktionen bis heute.

Hinzu kommt noch, dass das Christentum für uns Germanen eine Importreligion war. Und die Skepsis gegenüber Importen war hier immer groß, noch bis in die 70er-Jahre des vorigen Jahrhunderts.

Ich erinnere mich noch an meine Kindheit. Früher haben die Erwachsenen immer diskutiert: Soll man sich einen Importwagen kaufen? Ein ausländisches Auto. Das war früher Thema. Freunde meiner Eltern erwogen den Kauf eines Fiat, Renault oder »Zietröhn«, wie ich damals verstand. Riesendiskussion.

Mein Vater arbeitete bei Mercedes und riet ab: »Nee, macht das nicht, kauft kein ausländisches Auto. Nachher bekommt ihr keine Ersatzteile. Außerdem: Die rosten ja schon im Prospekt!«

So ungefähr muss das für die Germanen mit dem Christentum gewesen sein. Jesus blutete schon auf dem Heiligenbildchen. Der war nicht robust genug. Das war nicht made in Germany. Für uns war das wüst und fremd.

Aber die Frauen sind ja oft der Motor der Veränderung. Wie damals bei den Freunden meiner Eltern, da hat sich auch die Frau durchgesetzt: »Wir kaufen den R16, den finde ich schick, der hat die praktische Heckklappe, da kann man besser einkaufen.« Und so hatten sie dann einen französischen Wagen vor der Tür. Das sind die Frauen: Mehr Import wagen!

Genau so verhielt sich das beim Chlodwig. Seine Frau hieß Chlothilde, zufällig. Die meinte: »Ich find' den Jesus schick. Der sieht aus wie Johnny Depp. Ich lass mich taufen.« Die Frauen machen das dann einfach. Damit hatten die Chlodwigs eine Mischehe. Sie fromme Christin, er froher Heide – wie heute evangelisch / katholisch. Das ging eine Weile gut, bis der erste Sohn zur Welt kam. Da stellte sich die Frage: Was wird unser Rotzlöffel? Eine Entscheidung musste her. Man kann ja bis heute nicht ökumenisch taufen. Wahrscheinlich vertragen sich die Weihwasser nicht. Obwohl die Tante mit der Konfession nichts zu tun hat. Aber erneut hat die Frau sich durchgesetzt: Der erstgeborene Sohn Chlodwigs wurde getauft. Und jetzt kommt's: Kurz nach der Taufe ist der Filius verstorben. Dadurch bekam Chlodwig wieder Oberwas-

ser: »Habe ich es nicht gesagt, dein wüster Import-
glaube ist kompletter Tinnef. Keine Qualitätsreligion!
Schund vom Scheich.«

Das ist wie einen Neuwagen kaufen, und man bleibt
direkt liegen. Uninteressant! Chlodwig bleibt bei
seinen germanischen Qualitätsgöttern. Doch nun
kommt der Wendepunkt der Geschichte: die berühmte
Schlacht bei Zülpich im Jahr 496. Zülpich, genannt das
Tor zur Eifel. Die Schlacht gegen die Alemannen –
bekannt aus Funk und Fernsehen durch Alemannia
Aachen.

Zoff in Zülpich

Chlodwig ruft seine Götter an: »Zieht mit mir in die Schlacht gegen die Alemannen!«

Die Götter waren ja früher noch für alles Mögliche zuständig: für den Ausgang der Schlachten, für das Wetter und Gewitter, für die Ernte, für den Ausgang von Schlägereien nach dem Saufgelage und für alles, was man sich mit oder ohne Vollrausch nicht erklären konnte. Heute ist das nicht mehr so. Die Wissenschaft hat das meiste erforscht. Heute ist Gott nur noch für die letzten Geheimnisse zuständig, die wir uns nicht erklären können: Wo hat der Christoph Daum das Kokain versteckt? Der nimmt doch wieder was. Vielleicht sind es ja die Linien auf dem Fußballfeld.

Also, Chlodwig ruft seine Götter an: »Zieht mit mir in die Schlacht!« Sie ziehen mit Getöse ins Feld – und? Totalausfall! Chlodwigs Truppen kommen in eine ausweglose Situation. Die Alemannen drohen sie zu überrollen. Er weiß nicht mehr ein noch aus. Die Götter haben versagt. Selbstverständlich sieht nun Chlothilde ihre große Stunde gekommen: »Siehste, deine alten Götter tun es nicht mehr, die sind unzuverlässig geworden! Du musst dir mal ein paar neue anschaffen. Jetzt machst du hier mal Stiftung Warentest. Du wirst jetzt mal probebeten: ein Vaterunser und drei Jejrüßetzeistemaria.«

Der Chlodwig liest sich das durch: »Jejrüßetzeiste-

mariavolldergnade, jebenedeit unter den Weibern –
jesses, is das eine Scheiße!« Das war für ihn als gläubiger Heide eine Wahnsinnsüberwindung, das können
Sie sich vorstellen. Ungefähr so, als müsste Papst
Benedikt XVI. heute auf dem Petersplatz in Rom vor
10.000 Gläubigen singen: »Zwanzig Zentimeter – nie
im Leben, kleiner Peter.« Aber er hat es gemacht.
Nicht der Papst – der Chlodwig. Der hat widerwillig,
aber vollständig die Jejrüßetzeistemarias runtergeras-
selt – und was soll ich Ihnen sagen? Er hat die Schlacht
gegen die Alemannen gewonnen! Ha! Da sagt die
Chlothilde: »Also, das hätte ich jetzt auch nicht
gedacht! Ich kenne einen Fachhändler in Reims, wir
machen das sofort klar: Du wirst Christ. Morgen wirst
du getauft.«

Wir sehen hier die Taufe Chlodwigs in der Kathedrale von Reims. Das war ihm natürlich peinlich, so nackt vor allen Leuten. Wenn die Kamera bei dieser Bildeinstellung etwas höher gestanden hätte, dann hätte die ganze Kathedrale gesungen: »Zwanzig Zentimeter – nie im Leben, kleiner Peter.«

Früher Europameister – heute Kreisklasse: Chlodwig

Während in Paris Zülpich gleich dreimal – mit der Pont de Tolbiac, dem Café de Tolbiac und der Rue de Tolbiac inklusive Metrostation Tolbiac – als Gründungsstätte Frankreichs gefeiert wird, findet man in Zülpich selber keine Tafel, die an die folgenreiche Schlacht erinnert. Allenfalls Inschriften aus dem Vereinswesen.

Erst auf einem Feldweg vor der Stadt trifft man auf die Chlodwig-Stele von Ulrich Rückriem.

Hier soll es wohl gewesen sein: das Schlachtfeld kurz vor der Ernte

Aus dieser Schlacht sind, wie die Kölner sagen, folgende vier Grunderrungenschaften entstanden: Frankreich – Deutschland – Chlodwigplatz – Chlodwigeck.

Das ist der Grund, warum wir heute Christen sind. Weil er sich damals in der Kathedrale von Reims in der Frühmesse hat taufen lassen, sind wir heute das christliche Abendland.

Bis wir Otto Normalgermanen dann auch an Vater, Sohn und Heiligen Geist geglaubt haben, hat es allerdings dann noch mal viele Hundert Jahre gedauert. Freiwillig wurde hier kaum einer Christ. Das mussten

Kniend vor Gott

die schon in uns reinprügeln. Wir fanden selbstverständlich unsere alten Götter besser. Und man merkt unsere germanische Skepsis diesem Importgott gegenüber bis heute. Das steckt noch so in uns drin. Bestes Beispiel ist die immer wieder aufflackernde Diskussion: Sollen Kruzifixe in Klassenzimmern hängen? Sogleich hört man Gegenargumente wie: 2000 Jahre rumhängen ist ja auch kein Vorbild für die Jugend! Da kommen die alten Vorbehalte wieder hoch.

Dabei können wir doch froh sein, dass wir nicht noch öfter wechseln mussten. Andere Völker mussten die Religionen wechseln wie die Unterhosen. Bei der aktuellen Diskussion um den Islam muss sich jeder klarmachen: Es kann keiner etwas dafür, in welchen Glauben er geworfen wird, in welche Religion er hineingeboren wird. Und die meisten bleiben bei dem, was sie von Anfang an hatten. Wechseln ist zu viel Arbeit. Alles neu auswendig lernen? So wichtig ist es ja nun auch wieder nicht. Vieles ist eben Zufall – Religionen wie politische Glaubensfragen. Die DDR ist ja auch nicht aus Überzeugung, sondern rein zufällig sozialistisch geworden. Wären die Russen ein bisschen weiter südlich gelandet, sagen wir mal in Bayern, dann hätten die das gehabt: 40 Jahre dieselbe Partei an der Macht. Gut, das haben sie so auch.

Genauso ist es mit Religionen. Wir haben alle Glück gehabt, dass wir nun schon so lange dieselbe Religion haben, so reichte die Zeit, sie an unsere Bedürfnisse anzupassen und viele heidnische Elemente unserer alten Religion mit einzuarbeiten. Heute merken wir überhaupt nicht mehr, dass wir einer Religion aus der Wüste das Wort reden, uns kommt sie vor wie uraltes heimisches Brauchtum. Da fallen alle drauf rein, sogar der Kölner Erzbischof Joachim Kardinal Meisner, kurz Kanal Meisner. Er liebt den Papst über alles und ließ sich jüngst öffentlich zu dem Ausspruch hinreißen: »Wenn Jesus heute leben würde, sähe er aus wie Papst Benedikt!«

Das geht ja schon vom Kulturkreis her nicht. Günter Wallraff wies jüngst darauf hin: »Wenn Jesus heute leben würde, sähe er aus wie Arafat oder Osama bin Laden.« Womit ausdrücklich nur die äußere Physiognomie, nicht die Gesinnung gemeint ist. Aber heute sieht Jesus in unseren Kirchen immer aus wie Florian Silbereisen.

Dieser Prozess begann schon früh, als 380 n. Chr. dieser wundersame Glaube einer jüdischen Sekte Staatsreligion wurde. Das alte Bilderverbot fiel, und das Christentum vergaß immer mehr seine jüdischen Wurzeln. In den Katakomben von Rom erhielt Jesus erstmals ein Gesicht. Anfangs wurde er meist als Wundertäter oder Zauberer dargestellt, etwa beim Erwecken des Lazarus von den Toten. Schließlich machte man den armen Mann aus Nazareth als Herrscher oder König zurecht. Heute sieht man ihn an unseren Kruzifixen zwar als leidenden, aber stets gut aussehenden Mitteleuropäer. Das ist der Vorteil, wenn eine Religion gut abgehangen ist und lange reifen konnte: So kann der regionale religiöse Appetit individuell gestillt werden. Mal leicht und bekömmlich, mal deftig rustikal.

Dabei standen des Öfteren weitere Glaubenswechsel kurz bevor. Die Mongolen standen schon vor Liegnitz in Schlesien. Dann ist der Dschingis Khan gestorben, da mussten die alle nach Hause auf die Beerdigung. Dann haben die vergessen zurückzukommen. Sonst wären wir jetzt alle mongoloid – und Deutschland wäre freundlicher.

Hätte Karl Martell – Karl der Hammer – die Araber 732 bei Poitiers nicht in die Zange genommen, wäre der Islam heute bei uns so mächtig wie die Pharmalobby. Die Türken standen schon vor Wien und haben uns den leckeren Kaffee gebracht. Dann wurden sie zurückgeschlagen und mussten wieder nach Hause. Sonst wären wir jetzt alle Moslems.

Mohammeds Erben

Es fragt sich nur, was für Moslems? Eher katholisch oder eher evangelisch? Die Moslems an sich sind ja sehr unterschiedlich. Da kann man wirklich sagen: Jeder Jeck is anders! Das fängt schon mit Mohammed an. Im Koran steht: »Jeder Mann darf bis zu vier Frauen haben.« Jetzt mag mancher denken: Warum sagt mir das denn keiner? Das wäre auch was für mich. Aber wenn man dann genauer drüber nachdenkt, muss ich sogar sagen: Umgekehrt wäre fast besser. Wenn meine Frau noch drei andere Männer hätte, dann müsste ich nicht so viele Wasserkästen schleppen, Rasen mähen, Müll runterbringen, Beziehungsgespräche führen – man könnte sich abwechseln und abends öfter in die Kneipe.

Nun war das eine sehr kriegerische Zeit, als der Islam erfunden wurde. Da sind viele Männer auf den Schlachtfeldern geblieben. Deswegen haben die angefangen zu rechnen, wie kann trotzdem jede Frau einen abkriegen? Damit sie versorgt waren. 1:4, das haut auf jeden Fall hin – damals sehr vernünftig.

Mohammed indes hatte aber mehr als zehn Frauen, und da waren seine Anhänger natürlich sauer. Empört riefen sie: »Was ist das denn? Wir müssen mit vier Schlampen auskommen, und du hast einen ganzen Harem voller Superschüsse?« Mohammed erwiderte, er habe von Allah eine Offenbarung erhalten: »Du begehst kein Verbrechen, wenn du dir jede Frau nimmst, die du begehrst, auch Sklavinnen aus Kriegsbeuten.« Mohammed war ein Meister darin, sich seine Gelüste durch Allah absegnen zu lassen. Mohammed war ein lebensfroher, sinnenfroher Mann, er liebte die Wohlgerüche, das leckere Essen, die schönen Frauen in rauen Mengen.

Er war also ein ganz anderer Typ als Jesus, der die Frauen mied und sich mehr mit Männern umgab. Warum, weiß ich jetzt auch nicht. Jesus kam aus einer extrem armen Familie; wie schon erwähnt war Josef einfacher Bauhandwerker. Vermutlich ist deshalb das Handwerk heute die einzige Institution, in der die Dreifaltigkeit noch fortlebt. Wenn Sie im Handwerk einen zu Hilfe rufen, dann kommen immer drei: Meister, Geselle, Lehrling. Und so sieht dann auch die Rechnung aus.

Da hat der Mohammed bereits moderner gerechnet, nämlich einer für Allah. Das war der moderne Monotheismus. Während Mohammed wohlhabender, erfolgreicher Kaufmann war, als er Prophet wurde, würde man Jesus' Familie heute als abgehängtes Präkariat bezeichnen. Man sieht das noch, wenn die Krippen aufgebaut werden: In deren Behausung fehlte sogar die vierte Wand. Wahrscheinlich mussten Weihnachten und Geburtstag zusammengelegt werden, um Geschenke zu sparen.

Im Grunde war das Christentum zu Anfang so ein bisschen wie später die PDS. Eine Partei für die Verlierer der Einheit. Da fehlte ja auch plötzlich eine Mauer. Heute meinen in der Linkspartei einige: Die Mauer war eine tragende Wand. Die PDS war im

Grunde die Kümmerpartei für die Verlierer der Einheit. So war das Christentum auch die ersten 300 Jahre: Sklavenreligion für die Ärmsten der Armen.

Ganz anders der Islam, der direkt zur Regierungsreligion avancierte. Mohammed war charismatischer Staatsmann, und der Islam breitete sich schnell aus. Eine hochmoderne Religion. Da tobten bei uns die Inquisitoren, es brannten Scheiterhaufen, und Mohammed verkündete die Religionsfreiheit: »Kein Zwang in der Religion, Christen und Juden dürfen ihren Glauben auf islamischem Gebiet behalten.«

Allerdings wurde dafür eine Kopfsteuer erhoben. Das rheinische Prinzip kam zum Einsatz: Wenn der Umsatz stimmt, ist Toleranz kein Problem. Das machen die Kirchen ja heute völlig falsch, die nehmen ja die Kirchensteuer von den Christen. So darf man sich nicht wundern, wenn viele aus der Kirche austreten. Die müssen die Kirchensteuer von den anderen nehmen! Von den Heiden, Hindus und den Moslems. Was meinen Sie, wie schnell die alle in der Kirche sind.

Man spricht zu viel von Ökumene, aber zu wenig von Ökonomie. Religion hat ja auch immer eine finanzielle Seite. Das war damals nicht anders. Irgendwann haben viele Juden und Christen gesagt: »Ich werde jetzt ganz unverbindlich Moslem, da steh ich mich günstiger.« Nicht nur materiell: Das Christentum war mittlerweile eine mittelalterlich heruntergekommene Firma, der Klerus schwelgte in Unzucht nach dem Motto: »Jetzt geh'n wir erst mal in den Puff, da haben wir das schon mal aus dem Kopf.« Ein Motto, das später VW übernommen hat.

In dieser Zeit haben die Moslems die ersten Universitäten gegründet, und die Wissenschaft blühte auf. Viele Grundlagen und Errungenschaften haben wir vom Islam: Algebra, Dezimalsystem und Döner-Sandwich. Um mal die drei wichtigsten zu nennen.

Mohammed war zweifellos der Motor des Fortschritts im arabischen Raum. Aber wenn eine charismatische Führungsfigur stirbt, dann geht es danach erst mal bergab. So steht es schon im Alten Testament: Auf einen Willy Brandt folgen sieben Rudolf Scharpings. Als Mohammed starb, hieß der Nachfolger Kalif Abu Bakr. Dieser ist bereits nach zwei Jahren verstorben. Sein Nachfolger Umar wurde kurze Zeit später umgebracht. Es folgte Kalif Uthmann, der sofort ermordet wurde, und anschließend Ali – den hat man erstochen. Unter Islamisten würde man sagen: Die sind alle eines natürlichen Todes gestorben.

Nun gibt es eine Glaubensrichtung, die sagt: Moment! Der Ali ist mit der Fatima verheiratet. Frag Vati mal, was der meint. Vati von der Fatima ist Mohammed. Folglich ist Ali der rechtmäßige Nachfolger Mohammeds. Er ist sein Schwiegersohn und damit Erbfolger, alles andere ist Shit. Vertreter dieser Auffassung nennt man: Schiiten.

Nun gibt es wieder andere, die sagen: Moment! Su nit! Die andern drei sind die Erbfolger. Das sind die Sunniten.

Und damit haben wir bereits die drei Grundglaubensrichtungen des Islam erfasst: die Schiiten, die überzeugt sind, dass Abu Bakr, Umar und Uthmann shit sind, und die anderen, die glauben, nach der Sunna, der Überlieferung, sind es die drei und Ali ist es nicht: die Sunniten. Und dann die dritte Glaubensrichtung, die sagt: Streitet euch nicht, ich weiß sowieso alles besser – das ist Peter Scholl-Latour. Der hat den Islam erfunden. Der kennt sich aus.

Was heißt das jetzt für uns? Entweder wir schaffen es, den Islam zu europäisieren, wie das Atatürk in der Türkei zum Teil begonnen und auch geschafft hat, Trennung von Staat und Kirche, oder Europa wird islamisiert. Das sieht dann in der Praxis so aus: Die Europäer bekommen keine Kinder mehr, hingegen haben die Migranten aus islamischen Gesellschaften traditionell die Großfamilie mit vielen Kindern. Man kann das genau hochrechnen: Mitte des Jahrhunderts, also in gut 40 Jahren, sind in Europa über 50 Prozent der Bevölkerung Muslime, und Ende des Jahrhunderts singt der Papst vom Minarett. Wir sollten uns also vertragen. Die Grundwerte unserer Gesellschaft – Religiosität und viele Kinder – werden ja nur noch von zwei Institutionen hochgehalten: vom Islam und Ursula von der Leyen.

Wenn wir Frieden wollen, sollten wir unseren Erbstreit mit den Moslems auflösen. Was wir hier beobachten konnten, einen Erbstreit um die Nachfolge Mohammeds, existiert auch unter den drei monotheistischen Religionen Islam, Judentum und Christenheit. Der Moslem stört sich zum Beispiel daran, dass die Christen nicht den einen einzigen Allah anbeten, wie es im Islam vorgeschrieben ist, sondern dass Gott bei uns so merkwürdig verzweigt ist in Vater, Sohn und Heiliger Geist. Allein, dass Gott bei uns einen leiblichen Sohn hat, der mit langen Haaren über die Erde latscht, das ist denen schon fies – Blasphemie. Und dann auch noch das Mariechen dabei als quasi weibliche Gottheit. Eine Frau im Himmel ist beim Moslem nicht zwingend vorgesehen. Maria hingegen wird ja in Polen, Südeuropa und Südamerika mehr verehrt als die anderen drei zusammen. Das ist für den Moslem alles heidnisch. Religionshistorisch stimmt das sogar. Viele Muslime glauben, dass wir Christen alle in die Hölle kommen, wir sind die Ungläubigen, die Unreinen.

Christen bei Kerner – Religion als Kochshow

Der Kern des Problems: Die drei monotheistischen Religionen sind wie enge Verwandte, die einander nicht leiden können. Historisch betrachtet ist die eine eine Sekte der anderen. Die früheren Religionen waren von jeher sehr unterschiedlich. Bei der einen war es halt der Milchsee mit hochdrehender Schildkröte, beim anderen hing die Decke zu niedrig. Intern mag es da auch hin und wieder Streit gegeben haben: War das eine Stuckdecke oder eine abgehängte Decke aus Rigips? War das jetzt H-Milch oder Vollmilch oder pasteurisierte Milch, wo dann die Pastöre draus entstanden sind? Wer weiß es. Aber untereinander gab es kaum Streit.

Das Christentum hingegen war ursprünglich eine winzige jüdische Sekte. Dann gab es die erste Spaltung in Judenchristen und Heidenchristen. Wie einst bei den K-Gruppen oder den Leuten von Robespierre kam es bei diesen Weltverbesserern zum Richtungsstreit, der die Sekte in eine schwere Krise stürzte. Die Frühchristen wandten sich auch an Heiden. Sie hielten gemeinsam Mahlgemeinschaften ab. So kochten jüdische und vormals heidnische Christen gemeinsam wie bei Johannes B. Kerner. Religion als lockere Kochshow.

Das aber verstieß gegen die Ritualgesetze im 3. Buch Mose. Juden durften kein Schwein essen, keine leckeren Hasen, nichts Ersticktes, keine Flöns (Blutwurst).

Auch Shrimps, Aal in Aspik und andere Frutti di Mare ohne Schuppen waren tabu. Verboten war es obendrein, Milch und Käsegerichte neben dem Fleisch zuzubereiten: »Du sollst das Böcklein nicht kochen neben der Milch seiner Mutter.« Das war durchaus ehrenhaft gedacht – in diesem Fall zugunsten der Ziege.

Aber eine lockere Kochsendung à la *Lafer! Lichter! Lecker!* mit Heiden im Schlafrock kann so kaum gelingen. So kam es im Jahr 48 zur Krisensitzung in Jerusalem. Jakobus, immerhin ein leiblicher Bruder Jesu, übernahm die Diskussionsleitung, und am Ende des Talks wurde ein harter Kurs beschlossen: Kein Verzehr von Blut und Flöns, von unkoscheren Leckereien und ein Schild mit der Aufschrift:

Kein Sex mit Heidenchristen!

Petrus gehorchte, Paulus hielt dagegen und machte auf eigene Faust weiter. Die Ritualgesetze nannte er »Kot«, nur Dummköpfe würden sie sklavisch befolgen. Er fand alles scheiße, die Schranken des Sozialen, der Kulturen, des Geschlechts. »Hier ist nicht Jude noch Grieche, hier ist nicht Sklave noch Freier, hier ist nicht Mann noch Frau, denn ihr seid allesamt einer in Christus.«

Das hat gesessen. Nietzsche hielt das für den Beginn der Gleichmacherei: »Das Gift der Lehre – gleiches Recht für alle – hat das Christentum am grundsätzlichsten ausgesät«, höhnte der Philosoph. Adolf Hitler, der in den 20er-Jahren noch bekannte: »Als Christ habe ich auch eine Verpflichtung meinem eigenen Volk gegenüber«, schimpfte 1941: »Der Bolschewismus ist das uneheliche Kind des Christentums. Beide sind Erfindungen der Juden! Christus war ein Arier (wieso das?), aber Paulus hat seine Lehre benutzt, die Unterwelt zu mobilisieren und einen Vor-Bolschewismus zu organisieren. Mit dessen Einbruch geht die schöne Klarheit der antiken Welt verloren.«

Ob Zimmermanns Jupp singe Jung geahnt hat, was er alles anrichtet? Selbst der Islam hat jüdische und christliche Wurzeln. Hier wurde Jesus allerdings umgeschult vom Gottessohn zum Propheten. Die Eifersucht des alttestamentarischen Gottes richtet sich gegen andere Götter. »Du sollst ihre Altäre zerstören und ihre Kultbilder vernichten«, und »Du sollst die nicht verschonen«, heißt es in der Bibel. Gott verfolgt zornig seine Feinde »bis ins dritte und vierte Glied.« Freunde dagegen werden gehätschelt und gehuldigt. Machen wir uns nichts vor, der Gott des Alten Testaments konnte eine ziemliche Zicke sein, und wenn es um diese Eifersucht geht, redet die Bibel die Sprache der Gewalt. Das Christentum hat dann sogar begonnen, Gewalt im Namen der Wahrheit anzuwenden: Der echte, oder wie der Rheinländer sagen würde, der »normale« Glaube muss den Heiden verkündet werden, notfalls mit Feuer und Schwert! Natürlich nur in deren eigenem Interesse, um ihre Seele vor der eigenen Verdammnis zu retten. »Ihr sollt es später einmal besser haben.«

Nur – was ist die Wahrheit? Darüber liefern sich diese drei abrahamitischen Religionen Judentum, Christentum und Islam bis heute einen erbitterten Erbstreit. Es erinnert tatsächlich an die K-Gruppen der 70er-Jahre. KPD, KPD-ML, KBW, KB, DKP, DKV – das war ja alles krank. Das waren alles Kommunisten, eigentlich hätten die sich doch prächtig verstehen müssen. Aber gerade deswegen waren sie sich spinnefeind. Wer legt Marx richtig aus? Wer ist der rechtmäßige Erbe der reinen Lehre?

So auch hier. Zwischen Schiiten und Sunniten geht es um die Erbfolge Mohammeds, weshalb im Irak fast täglich eine Bombe hochgeht. Unter Juden, Christen und Moslems ist es ähnlich. Nicht nur, dass die Kirche samt Papst Pius und Vatikan sich während der Deportation der Juden im Dritten Reich auffallend zurückgehalten hat. Bereits nach dem missglückten Hitlerattentat 1939 hat der Münchner Erzbischof Kardinal Michael Faulhaber angeordnet, im Dom ein *Te Deum* zu lesen und »der göttlichen Vorsehung im Namen der Erzdiözese für die glückliche Rettung des Führers zu danken«. Noch heute ist eine Straße in der Münchner Innenstadt nach Faulhaber benannt. Noch 20 Jahre nach dem Holocaust wurde in der K-Freitagsliturgie der katholischen Kirche der »perfidae Judäes«, der perfide, untreue Jude, gebrandmarkt. Nun hat Papst Benedikt die Juden in die Fürbitten aufgenommen, sie mögen doch Jesus erkennen. Der Zentralrat der Juden ist empört. Ich habe den Antisemitismus in der katholischen Kirche nie verstanden. Gerade die Kirchen müssten den Juden doch um den Hals fallen und ewig dankbar sein, dass sie Jesus gekreuzigt haben. Sonst gäbe es doch die ganze Firma nicht, samt Firmensignet.

Jede Religion enthält Bestandteile einer anderen. Das Christentum nicht unerhebliche Mengen Judentum, der Islam kleinere Zusätze Christentum und auch nicht unerhebliche Mengen Judentum. Weinfreunde nennen das Cuvée. Man kann auch sagen »gepanscht«.

Aber warum fliegt im Nahen Osten fast täglich ein Bus in die Luft? Weil die alle bekloppt sind? Es geht auch hier um einen uralten Erbstreit, und Erbstreitigkeiten gehen immer bis aufs Messer. Dabei ist es gleichgültig, ob sie religiöser, politischer oder privater Natur sind. Sie kennen das aus der Familie: Erst ist alles in Ordnung und harmonisch, dann sterben die Eltern, das Testament wird eröffnet, und schon ist Zoff in der Bude. Wie kommt das? Es geht beim Erben nicht ums Geld, um die 15.000 Euro, die der Bruder damals mal für seinen Anbau bekommen hat und die dann hinterher im Testament nicht berücksichtigt worden sind. Nicht ums Geld geht es da, sondern immer um Fluch oder Segen der Ahnen. Wenn der Bruder 15.000 Euro mehr hat, heißt das unterschwellig: Die Eltern lieben den Bruder mehr als mich. Das kränkt lebenslänglich. Wir alle wünschen uns im Innersten sehnlichst, dass Mutter und Vater stolz auf uns sind. Ist das nicht der Fall, fühlt man sich verflucht schlecht. Fluch oder Segen.

Und da wir früher an die Verstorbenen, an die Ahnen geglaubt haben, ist das heute bei den Religionen ganz genauso. Sie sind letztlich weiterentwickelter Ahnenglauben. Im Himmel wimmelt es von Eltern: der Heilige Vater – Mutter Gottes – Vater unser – Mein Herr – Vater Abraham. Der monotheistische Ur-Vater Abraham hat da eine zentrale Rolle. Wen liebt er mehr? Wer hat recht? Bibel oder Koran? Krieg um Fluch oder Segen! Wer ist der rechtmäßige Erbfolger des Urvaters des Monotheismus? – Abraham. Der Abraham hatte eine moderne Familie: double income/no kids. Er war mit seiner Frau Sarah verheiratet und kinderlos. Sie konnten sich aber eine Putzfrau leisten, die Hager, das war die Sklavin. Die war jedoch keineswegs hager, das war ein »Superschuss«. Nach dem Motto: »Kütt direkt der Superschuss und hilft mir aus der Butz erus«, lässt Abraham die Hosen runter und verschwindet mit der Hager in der Besenkammer. Neun Monate später steht der kleine Ismael auf der Wickelmatte. Darauf gibt es einen Hormonumschwung bei seiner Frau Sarah. Der Mann geht fremd – da klappt es plötzlich bei ihr auch – zack! Neun Monate später schreit der Isaak dazwischen.

Jetzt steht im Alten Testament: Abraham bekennt sich zu seiner Ehefrau Sarah und seinem ehelichen Sohn Isaak und schickt die Hager samt Ismael in die Wüste. In Folge sind da dann die Wüstenvölker, die Araber, draus entstanden.

Im Koran aber steht es genau umgekehrt. Der Abraham hätte sich auf die Seite von der Hager geschlagen und sogar mit seinem Sohn Ismael in Mekka die Kaaba gebaut. Ja, was ist denn nun richtig? Da kann ja nur eins von beiden stimmen. Und deswegen hauen die sich seit Jahrtausenden die Köpfe ein. Das ist der Grund und der Ursprung nicht nur der territorialen Konflikte im Nahen Osten.

Das Neue am Monotheismus: Moral wurde zur Chefsache Gottes. Von mir aus. Der Aufbau Ost war auch Chefsache Schröders, ohne dass das irgendwelche Auswirkungen hatte. Was aber, wenn sich Menschen zum Vollstrecker Gottes machen und zum Beispiel einen Armen steinigen, der am Sabbat Holz sammelt? Einen Bus in die Luft sprengen, in dem jüdische Schulkinder sitzen? Das ist ein ewiger Streit, weil logischerweise nicht alle Auslegungen stimmen können, weil nach der Arithmetik der Buchreligion das Wort Gottes gilt und nur einer recht haben kann.

Dabei kann man das auflösen. So schwer ist das gar nicht, wenn man an die Wurzel geht. Der Abraham war doch auch nur ein Mensch. Sein Verhalten war vermutlich typisch Mann. Der hat wahrscheinlich überall was anderes erzählt. Wie Männer so sind. Das kennen Sie doch: »Hör mal, ich hab gehört, deine Frau soll ja so dermaßen super im Bett sein.« »Ja, der eine sagt so, der andere sagt so.«

Jetzt dürfen sie noch nicht mal zusammen beten. Multireligiöse Feiern sind verboten. Wie weiland bei den Judenchristen: Kein Sex mit Heiden! Wenn sie schon nicht zusammen beten dürfen, dann sollen sie doch wenigstens mal zusammen Auto waschen. Das ist ja auch eine kultische Handlung. Ein Heiligtum wird gereinigt. Jede Religion hat irgendetwas mit Wasser. Taufe, Bad im Ganges ...

Ich habe das einmal beobachtet in der Kölner Südstadt. Wenn der Türke und der Kölner Auto waschen. Da dachte ich, so könnte es gehen. Die haben sich ja in den Messgewändern schon sehr angeglichen: Beide Ballonseide, Asiletten und Schnäuzer. Beim Kölner nach oben gezwirbelt wie bei den Höhnern, beim Türken wie früher Schimanski. Da ist der Türke geschmackssicherer. Der Kölner wäscht Auto mit dem katholischen Hintergedanken, er muss es vielleicht beichten, er hat irgendwas von Ölabscheider gehört, man darf es eigentlich nicht mehr. Er nimmt den Eimer Wasser, guckt, ob keiner guckt, und dann: Patsch übers Dach und fertig – ein Zug an der Zigarette. Daraufhin nimmt der Türke die Flex und – jäääääähhhh! – schneidet ein Stück vom Auspuff ab und sagt: »Wenn du deinen taufst, kann ich meinen auch beschneiden.«

Mythophilos

Das klingt jetzt albern, aber nur so kann es gehen. Denn das sind doch alles Mythen. Und ohne Mythen können die Menschen nicht leben.

Was sind Mythen? Ein Mythophilos – Aristoteles nennt sich so – ist ein Mensch, der gern Geschichten hört. Geschichten, in denen viel los ist: Mytho-philos. Klatsch – Legenden – Fabeln – Sagen – Epen – Märchen – Politikerreden. Mythen können vieles sein, aber ganz elementar sind sie immer eines: Geschichten. Wir können unsere Gesellschaft nicht entmythologisieren, weil wir die Geschichten nicht abschaffen können. Wir Menschen sind quasi von Geburt an in Geschichten verstrickt. Da kommen wir nicht raus. Und je mehr Götter wir hatten, desto mehr Geschichten hatten wir.

Die alten Religionen mit ihren vielen Göttern waren wie die Lindenstraße. Eine große Anzahl verschiedenster Charaktere, die alle was miteinander haben. Monotheismus ist im Grunde wie 1000 Folgen Lindenstraße nur mit Mutter Beimer. Das macht aggressiv.

Der Mensch muss viele Geschichten haben dürfen. Wer viele Geschichten hat, kann von vielen Seiten denken. Oder wie es Mark Twain sagte: »Ich bedaure jeden, der nicht die Fantasie hat, ein Wort mal so, mal so zu schreiben.« Gefährlich wird es immer, wenn man sich nur einer einzigen Geschichte widmet und sagt: Das ist die richtige. Dann haben Sie Fundamentalismus. In der Vielgötterei gab es keine Religionskriege. Das war eine enorme Toleranzleistung. Die Römer haben nicht gesagt: »Die Griechen sind die Ungläubigen.« Die haben gesagt: »Zeus ist ungefähr so wie Jupiter. Wenn wir 15 Götter haben, warum sollen die anderen nicht vier mehr oder weniger haben? Da laufen ja genug herum.« Das kann ja alles sein. Außerdem ist man mit vielen Göttern nicht so fundamental kontrolliert. Wenn Jupiter sagte: »Warum hast du mir nicht gedient?«, hatte man immer eine Ausrede: »Ich war gerade für Juno Zigaretten holen!«

Wenn ich aber sage: »Der eine einzige Gott sieht alles!«, klingt das natürlich schwer nach Erich Mielke. Der Kampf um Gottes Gnaden ist eröffnet.

Seit Einführung des Ein-Gott-Glaubens gab es über 16.000 Kriege, die meisten davon Religionskriege. Der Monotheismus grenzt aus, weil er die anderen Götter als »Götzen« und ihre Verehrer als »Heiden« einstuft. Die alten Religionen konnten ihre Götter ineinander übersetzen, weil sie innerweltliche Mächte verkörperten, die auch die anderen kannten. Der Ägyptologe Jan Assmann entdeckte regelrechte Vergleichslisten mit Formeln wie: Astarte = Ischtar = Aphrodite = Venus. Wenn jemand sagte, ich geh mal zu Saturn, wussten auch die anderen Völker, dass Geiz geil ist. Damals trennte die Religion noch nicht, sie war vielmehr ein Medium der Verständigung.

Das ist leider vorbei. Der Islam vertritt die radikalste Form des Monotheismus: mehr oder weniger die Herrschaft Gottes gegen die Staaten dieser Welt durchzusetzen. Das Judentum lebt von der Differenz, kapselt sich ab und kümmert sich nicht um die anderen

Völker. Wenn jeder vor seiner eigenen Tür betet, ist es überall heilig. Sie haben das Reich Gottes auf eine messianische Endzeit und die Christen ins Jenseits verschoben, als ein Reich, das nicht von dieser Welt ist. Das ist das vorläufige abrahamitische Endergebnis:

Shuttle, Scharia und Closed Shop

Auf dem Weg dorthin schlägt man sich weiter emsig die Rübe ein und sammelt Fleißkärtchen für Jahwe, Jenseits und Jungfrauen. Wenn das Material ausgeht und keine Juden, Palästinenser oder Christen greifbar sind, macht man auch gerne innerhalb der eigenen Glaubensgemeinschaft weiter. Rein sportlich betrachtet ist das dann keineswegs zweite Bundesliga. Mag man den Kampf Sunniten gegen Schiiten mit sechsstelligen Opferzahlen noch als Regionalliga abtun, bestenfalls Kreuther Fürth gegen Kräuter der Provence, so ist die Auseinandersetzung Katholiken gegen Protestanten schon reif für die Weltmeisterschaft.

Allein der Dreißigjährige Krieg forderte mehr Opfer als der Erste und der Zweite Weltkrieg. Der Krieg der Kriege hinterließ ein unvorstellbares Blutbad – im Kern wegen der Frage: katholisch oder evangelisch? Wer wann wo gewonnen hat, kann man noch heute feststellen an einer real existierenden Bundesligatabelle. Wenn man in Deutschland unterwegs ist, spürt und sieht man die konfessionellen Mehr- oder Minderheiten der unterschiedlichen Regionen. Auch die Wahlergebnisse resultieren aus diesem Gemetzel. In katholischen Gegenden gewann in den letzten 50 Jahren tendenziell die CDU, in den evangelischen die SPD.

Das waren nicht die einzigen Konsequenzen. Bis in meine Kindheit waren Mischehen noch nicht überall en vogue. Der Zwist der Urchristen in neuem Gewand:

Kein Sex mit Protestanten!

Wenn doch, dann hörte man Sätze wie: »Er ist zwar evangelisch, aber sonst hochanständig!« Das sieht Papst Benedikt anders: Evangelische sind keine Kirche. Dann gilt der Satz, den ich öfters zu hören bekam. »Der geht zwar nicht in die Kirche, ist aber hochanständig.«

Im Gegensatz zu den brutalen Religionskriegen kann man den Monotheismus selbst niemandem konkret vorwerfen. Es fehlt der Schuldige. Es war mehr ein Missgeschick.

Stopp! Unter Echnaton hat man mal ganz bewusst gesagt: Wir machen's mal mit einem einzigen Gott. Als Echnaton aber starb, haben die Menschen gesagt: So einen Kack wollen wir nie wieder. Jetzt machen wir uns lieber wieder mehrere Götter, das ist doch viel schöner! Außerdem schafft es Arbeitsplätze, jeder Gott hatte viele Priester. Die waren vernünftig und haben den Quatsch sofort wieder abgeschafft. Der Monotheismus war eigentlich schon abgehakt als Irrglaube, als Sackgasse der Geschichte.

Dann kamen die Juden, die zunächst auch Polytheisten waren. Der Satz: »Du sollst nur einen Gott ehren« hat ja nur Sinn, wenn man davor mehrere hatte. Die Babylonier besiegten die Juden und verlangten von ihnen, ihre Götter anzubeten. Da blieben die

Juden stur: »Wir retten unsere alten Götter in die neue Zeit.« Als das zu scheitern drohte, sagten sie: »Na gut, dann wenigstens den einen.« So hat der Jahwe eine erstaunliche Karriere hingelegt. Vom Gott der Vulkane mit vielen Kollegen leerte sich der Himmel allmählich, und er blieb übrig als konkurrenzloser Alleinunterhalter.

Moses kam vom Berg Sinai herunter und sprach: »Es gibt nur einen! Ich sage euch aber nicht, wie der aussieht. Ich habe eine gute und eine schlechte Nachricht für euch: Die gute – ich habe ihn auf zehn runtergehandelt. Die schlechte – Ehebruch ist immer noch dabei!«

Die Rückkehr der Vielfalt

Eines rechne ich den Kirchen ganz hoch an: dass die das gemerkt haben! Die haben früh begriffen, dass der Monotheismus ein Riesenmumpitz ist. Die haben direkt gesagt: Nur einen Gott? Gott bewahre, das gibt nur Ärger! Aller guten Dinge sind drei. Wir machen da mindestens drei draus. Vater, Sohn, Heiliger Geist, und dann das Mariechen noch dabei. Hier war immer klar: Im Himmel muss eine Frau sein, sonst räumt doch da keiner auf. Als der Papst im Sommer 2008 die USA besuchte, sagte George W. Bush: »Wenn ich Benedikt XVI. in die Augen schaue, sehe ich Gott.« Dem archaischen Wunsch, dass ein Mensch Gott sein kann, wird weitgehend entsprochen. Vize-Gott, also Stellvertreter. Denn wenn der Papst winkend mit dem Papamobil durch die Straßen fährt, fragen sich viele: Warum kann der das? Das Bild kennen wir noch aus dem Asterixheft von Cäsar als römischem Imperator und Gott-Kaiser. So fährt der Pontifex Maximus, und die Massen jubeln ihm zu. Der Papst hatte allein in Bayern 500.000 Zuschauer. Mehr als die Rolling Stones. Gut, der Papst ist ja auch jünger. Nun fühlt er sich in Bayern natürlich besonders wohl, weil dort in den Kühlhäusern die Auferstehung des Fleisches wörtlich genommen wird. Interessanterweise landet dieses Gammelfleisch häufig beim Moslem im Döner. Die Missionsarbeit geht weiter.

Aber dieses Bild des winkenden Papstes auf dem Wagen wäre bei den Evangelen undenkbar: Stellen Sie sich vor, die Landesbischöfin der lutherisch-evangelischen Kirche, Margot Käßmann, würde oben auf dem Auto winkend durch Hannover fahren. Da würde jeder sagen: Die ist nicht angeschnallt! Beim Papst achtet darauf kein Mensch. Die Rheinländer erinnert dieses Bild natürlich an Karneval. Carrus navallus, der Karren der Narren. Das sind heute Geländewagen. Der Papst fährt einen Mercedes-Geländewagen mit aufgeschraubtem Terrarium. Der Heilige Vater spricht von Gottvertrauen, hat aber Panzerglas.

Wieso kann der das? Sich wie ein römischer Imperator durch die jubelnden Massen karren lassen? Der Papst ist eben römisch-katholisch. Also zuallererst mal römisch und dann erst katholisch. Das Katholische kommt erst als Zweites. Sie können es im Grunde weglassen. Der Papst ist vor allem eines: durch und durch römisch!

Und das bestätigt Ihnen jeder Theologe: Dieses einzigartige und sonderbare Markenzeichen des Christentums, die Dreifaltigkeit Vater – Sohn – Heiliger Geist, kommt aus der römischen Trias: Jupiter, Hera, Minerva. Die Römer wiederum haben es von den Griechen: Zeus, Hera, Athena. Und die Griechen wiederum haben es von den Kölnern: Prinz, Bauer und Jungfrau!

Lob der Gewaltenteilung

Das sagt einem nicht nur der Karneval: Es ist besser, wenn man die Gewalten aufteilt. Diktatur einer Person ist immer schlecht. Und was ist da nicht alles Wunderbares draus entstanden: Exekutive, Judikative, Legislative. Oder die Gewaltenteilung im privaten Bereich: Suffe, Poppe, Katekloppe. (Auf eine Übersetzung verzichte ich hier.)

Und dann natürlich noch die Heiligen dabei, schon stimmt der Laden da oben wieder. Die Heiligen übernahmen die Aufgaben der alten Götter. Dadurch hatten wir endlich den Polytheismus zurück. Papst Johannes Paul II. hat allein 480 Menschen selig- und heiliggesprochen. Die können wir jetzt alle anrufen. Kardinal Meisner hat Allerheiligen gepredigt: »Was hilft gegen Einsamkeit? Heiligenverehrung!« Da hat er recht. Es gibt über 4000 Heilige, da haben Sie immer die Bude voll!

Das heißt, wir Germanen hatten jetzt mehr Götter als vorher. Wir haben uns quasi verbessert. Und als diese Heiligen ins Angebot kamen, da griffen wir beim Christentum auch zu. Das war mit unserer traditionell vielfältigen Götterspeise kompatibel. Und was ist aus den Heiligen nicht alles entstanden? Sie sind im Grunde genommen nichts anderes als die Vorläufer der Versicherung. Der Florian war die Feuerversicherung: Zünde andere Häuser an – verschone meins. Ein völlig richtiger Satz. Oder der heilige Blasius: die Kranken-versicherung, auch untenrum.

Jede Berufsgruppe hat ihren Schutzheiligen: Die heilige Klara von Assisi ist die Schutzheilige des Fernsehens. Der Isidor von Sevilla der Schutzheilige des Internet. Das ist der Spamfilter des Vatikan.

Aber wir dürfen uns nicht täuschen! Nicht nur bei den Versicherungen werden Tausende Jobs abgebaut. Auch als Heiliger kann man seinen Job verlieren. Wie die Römer Götter abschafften, die sie nicht mehr brauchten, kündigt auch die römisch-katholische Kirche gnadenlos.

Was hatten Sie früher für ein Auto? – Käfer? Erinnern Sie sich noch an das Armaturenbrett? Blech mit Tacho, und dann beim Muttertag vielleicht mal ein Blümchen im Väschen, eventuell noch eine Benzinuhr, sonst unten bei den Schweißfüßen der Reservehahn. Und dann in der Mitte – heute undenkbar – nur zwei Knöpfe: Scheibenwischer und Licht. Dazwischen? Magnetisch? Richtig: Christophorus, der Airbag der 60er-Jahre. Der hat doch super funktioniert. Ein Airbag für vier Sitzplätze.

Was soll ich Ihnen sagen: Die haben den abgeschafft. Bei der letzten Heiligenreform im Vatikan haben die Religionswissenschaftler und päpstlichen Glaubenshüter beschlossen: Den kann man nicht mehr anrufen! Den Christophorus hätte es faktisch nie gegeben! Was ist das denn für 'n Quatsch? Das hat doch mein Kollege Rainer Pause schon erkannt: Die Heiligen mag es vielleicht nicht gegeben haben, aber die haben geholfen! Die Versicherungen gibt es wirklich, aber die helfen nicht.

Deswegen machen wir jetzt mal hier Stiftung Waren-test: Kirche gegen Versicherung – Pax gegen Axa. Die Summe, die an Kirchensteuer in Deutschland gezahlt wird, beträgt jährlich 8,7 Milliarden Euro. Geteilt durch 80 Millionen Einwohner sind pro Kopf 108 Euro. Jetzt zahlen Sie die 108 Euro statt Kirchensteuer mal in die Versicherung ein. Sagen wir mal 40 Jahre. Dann kriegen Sie hinterher raus: 10.000 Euro. Wenn Sie sparsam sind, können Sie davon sechs Monate leben. Bei der Kirche kriegen Sie für die 108 Euro das ewige Leben. Mit Wolke und Harfenmusik und Manna »All you can eat« für 108 Euro. Wer da nicht zugreift, ist doch selber schuld. Gegen Gott kann der Mann von der Hamburg-Mannheimer einpacken.

Noch eine tote Hand hielt krampfhaft den Geldbeutel fest

Dieser Satz Wilhelm Buschs skizziert den Haupt-mythos unserer Epoche. Geld ist ja inzwischen die alles bestimmende Wirklichkeit, und das ist auch die gebräuchliche theologische Definition für Gott. Gott hat dieselbe Definition wie Geld und ist für jeden sichtbar: Früher waren die Kirchen die höchsten Gebäude, heute sind es die Banken. Bei Jesus galt das Prinzip: Bonus volat at deus – Nur wer Gutes tut, kann in den Himmel aufsteigen. Das haben die Banken umformuliert: Nur wer Bonität hat, darf abheben. Bettelleut' hat keiner gern, mehr beliebt sind reiche Herr'n.

In 1000 Jahren werden die Menschen wieder hier sit-zen und sich darüber totlachen, welche irrationalen Mythen wir hatten. Geld ist ja heute nichts anderes mehr als eine abstrakte Zahl, ein elektrischer Impuls. Und der Wert des Geldes wird an der Börse bestimmt, über Einschätzungen und Erwartungen, sprich über irrationale Stimmungen. Wirtschaft ist Psychologie, sagen die Ökonomen. Größtenteils reine Glaubens-sache. Amerikanische Banken verleihen massenhaft Geld an Häuslebauer, die das nicht zurückzahlen kön-nen. Diese faulen Kredite werden dann in Immobilien-fonds verpackt, in goldenen Schachteln mit Schleif-chen drum herum, und weltweit verkauft. Da Bänker wie Theologen nicht alles verstehen, sondern sich einen gehörigen Rest Mysterium des Glaubens bewahren, macht keiner die goldenen Kästchen auf. Dann kommt ein Charles Darwin des Parketthandels, und der ganze Budenzauber fliegt auf, die Heilserwartungen brechen zusammen, Milliardenvermögen sind vernichtet. Börsenkrise gleich Glaubenskrise. Das Vertrauen in die Banken und Sparkassen ist dahin. Den Pfaffen der Anlageberatung glaubt niemand mehr.

Noch irrationaler wird es bei unseren Zinsen: Früher bei den meisten Religionen verboten, heute der spirituelle Motor der modernen Geldschöpfung. Der weitaus größte Teil des umlaufenden Geldes stammt aus Krediten der Geschäftsbanken. Geld wird dabei gleichsam aus dem Nichts geschöpft. Es handelt sich um umlauffähig gemachte Schulden, die durch permanentes Wachstum gerechtfertigt werden müssen.

Erinnern wir uns an die Erbsünde. Nach der christlichen Ethik hat man bereits gesündigt, wenn man auf die Welt kommt: Apfel geklaut. Heute haben Sie schon im Mutterleib 40.000 Euro Schulden. Am besten gehen Sie vom Kreißsaal direkt in die Kreissparkasse. Und besprechen mit dem Berater, wie Sie das mit 154 Euro Kindergeld wieder abstottern sollen. So profitieren hier in Deutschland nur 10 bis 15 Prozent der Haushalte vom Zinssystem. Mehr sind das gar nicht. Und diese 10 bis 15 Prozent werden täglich um 900 Millionen Euro reicher, die die anderen 85 Prozent aufbringen müssen, die die 15 Prozent dann leistungslos hinzubekommen. Das erinnert doch stark an die Götter der Sumerer, die die Menschen erfanden, damit sie selber nicht mehr arbeiten mussten.

Die Entwicklungsländer zahlen heute mehr Zinsen, als sie Entwicklungshilfe bekommen. Wir könnten das Geld auch gleich den Banken geben.

Der Zins teilt die Menschen in ewige Gläubiger und ewige Schuldner. Vielleicht ist das der Grund, warum das Zinsnehmen über Jahrtausende so skeptisch gesehen wurde. Jesus sagte schon in der Bergpredigt: »Leiht, wo ihr nichts dafür zu bekommen hofft, dann werdet ihr des Höchsten sein!« Mag sein, dass Jesus ein ökonomischer Spinner war. Aber dass fast ein Viertel unserer Steuergelder für Zinsen draufgeht, leuchtet mir weit weniger ein als die Idee von einem Weiterleben nach dem Tod. Mythen sind das alles. Oscar Wilde brachte es auf den Punkt: »Nur wenn man seine Rechnung nicht begleicht, kann man hoffen, im Gedächtnis der Geschäftswelt weiterzuleben.«

Gott rechnet, denn alles auf Erden ist Mathematik

Carl Friedrich Gauß sagte dies und legte vor über 200 Jahren die mathematische Basis für die Verschlüsselung der Daten zum Beispiel in Geldautomaten. Dass wir aber geistig in der Lage sind, selbst Mythen durchzukalkulieren, verdanken wir der Aufklärung. Vor der Säkularisierung hieß es: Nichts geschieht von ungefähr – alles kommt von oben her. Nach der Säkularisierung aber waren wir, wie Peter Sloterdijk das saftig formuliert, »geworfen auf die klebrige Serpentine der Evolution!« Da war plötzlich niemand mehr da, der etwas Besonderes mit uns vorhatte. Wir wollten die Macht nicht mehr erdulden, wir wollten sie sein. Gott wurde überflüssig. Beziehungsweise zum Pausengott. Als Gott der Entspannung.

Fest steht: Die Menschen halten das offenbar nicht aus, dass die Wissenschaftler ihnen alles wegerklären. Die Mythen kehren immer wieder zurück. Das Rationale ist uns doch zu kalt. Wenn ich mich in einen Saal stelle und ankündige, ich halte nun einen zweistündigen Vortrag über Halbleitertechnik, bleiben zwei sitzen, der Rest geht heim. Wenn ich aber sage, meine Nachbarin hat ein Verhältnis mit ihrem Bürgermeister, bleiben alle gespannt sitzen und wollen wissen, was los ist. So war früher Religion – die Götter gingen alle fremd.

Oder die 68er-Zeit, wo die wildesten Theorien die

ganze Welt erklären wollten: Das Soziologendeutsch von Rudi Dutschke haben die meisten genauso wenig verstanden wie die theoretisierenden Flugblätter der K-Gruppen. Und plötzlich waren die Mythen wieder da. Diesmal schwer angesagte Importmythen aus dem Indianerreservat. Über jeder Wohngemeinschaftscouch, an jeder Ente auf dem Kofferraumdeckel der Aufkleber:

»Erst wenn
der letzte Baum gerodet
der letzte Fluss vergiftet
der letzte Fisch gefangen
werdet Ihr feststellen
dass man Geld
nicht essen kann!«

Weissagung der Cree

Hoooohhh! Da wurde es aber fromm und heilig im Bioladen, und der Weihrauch kam aus den Räucherstabchen. Doch kurze Zeit später kam die Gegenreformation mit dem Aufkleber: »Mein Auto fährt auch ohne Wald! Erst wenn ihr den letzten Cent versoffen habt, die letzte Frikadelle verspeist habt, werdet ihr merken, dass ihr mit euren blöden Bäumen kein einziges Bier bezahlen könnt.«

Die Menschen brauchen anscheinend beides. Und in diesem Wechselbad zwischen Mythen und Wissenschaft unterliegt Gott einem permanenten Facelift. Früher war Gott der bärtige Beobachter auf dem Fensterbrett der Umlaufbahn. Der Siedlungscontrolletti, der alles im Blick hat. Heute ist Gott der Sponsor im Kofferraum des Kapitalismus. Der Tabernakel mit Thermostatventil. Fein zu dosieren und in jeder Situation abrufbar.

Wenn man sich in Amerika den Markt der Religionen mit diesen unzähligen Freistil-Konfessionen anguckt, stellt man erstaunt fest: Das Prinzip Chlodwig setzt sich durch. Wenn ein Glaube, wie bei der Schlacht gegen die Alemannen, nicht hinreichend funktioniert, soll und darf ein anderer probiert werden. Die USA sind ein religiöses Zülpich. Die machen das permanent. Es darf religiös experimentiert werden, der Kunde ist König. Religion wird zum Produkt, dessen Schriften verkauft werden wie Vitamin C und Red Bull. Sie müssen Ihren Lebensmotor mit der optimalen Kraftstoffmischung betreiben. Die Basilika ist Brainshop! Religion als spirituelle Apotheke. Wir unterwerfen uns nicht mehr dem Glauben, wir nutzen ihn zu unserem Wohl. Pausengott goes Powergott. Ich bin minge eijene Papst! Die Amerikaner haben einen ganzen Supermarkt voller Religionen. Einen Aldi voller Allahs. Durchgehend geöffnet. Jede Sekte mit Zahlkarte. Sammeln Sie Punkte? Haben Sie eine Payback-Karte für die Mormonen? Acht Frauen und 52 Kinder sind keine Seltenheit for the Mormonen-Man. Lachen Sie nicht, es gibt mehr Mormonen als Juden. Wie wär's mit einer Kundenkarte für die Zeugen Jehovas? Wofür braucht der Jehova Zeugen? Pfarrerflucht?

Bei uns in Köln steht am Chlodwigplatz regelmäßig diese Sekte, in der auch Tom Cruise ist. Die Scientology-Church ködert Kinder durch Hausaufgabenhilfe und verteilt an Erwachsene die Zeitung *Freiheit*. Ich bin hingegangen: »Wissen Sie was, ich nehm' alle.« Hab sie gepackt und in den Müll geschmissen. Die Freiheit nehm ich mir.

Bevor du dich verführen lässt, geh zur Stiftung Mythentest. Willst du einen guten Menschen dazu verführen, Böses zu tun, dann führe ihn zur Religion. Es soll auch umgekehrt funktionieren, aber seltener. Die Konvertiten radikalisieren sich besonders gern, da heißen die Islamisten plötzlich Daniel oder Fritz. Man soll die Religion nicht wechseln. Die Juden haben das früh erkannt, die wollen gar nicht, dass wir Juden werden, die missionieren nicht.

Diese jüdische Geschichte zeigt das wunderbar: Drei orthodoxe Juden gehen durch New York und haben mächtig Kohldampf, aber keinen Cent mehr in der Tasche. Nun kommen sie in ein christliches Viertel. An einer Kirche hängt ein Schild: *Wenn Sie Christ werden, erhalten sie 100 Dollar.*

Ihre Mägen knurren immer lauter, und sie grübeln angestrengt, mit welchem Trick sie an das Geld kommen konnten. Plötzlich ruft einer von ihnen: »Ich habe eine Idee! Ich gehe rein, wartet auf mich.« Nach 20 Minuten kommt er zurück, und die beiden andern rufen hektisch: »Und, hast du die 100 Dollar bekommen?« Da sagt er: »Das mag ich nicht an euch Juden, dass ihr immer zuerst ans Geld denkt!«

Wo ist der Religions-TÜV?

Selbst der Dalai Lama warnte in Hamburg vor 100.000 Zuhörern: Jetzt werdet mir bloß nicht alle Buddhisten! Er hat wahrscheinlich Angst, dass sonst die Flip-Flops ausverkauft sind. Aber die Menschen wechseln die Religionen immer öfter.

Was fehlt, ist ein Religions-TÜV. Der Opferkult zum Beispiel käme heute nicht mehr durch die ASU. Ziegen verbrennen könnten Sie heute in den Innenstädten kaum noch, wegen der Feinstaubbelastung. Das ist schon mal gut. Dennoch brauchen wir mehr Vergleichstests: Auto, Motor und Gott. Wie ist der Buddhismus im Gelände? Wie ist der Hinduismus bei der Flussdurchfahrt? Hat das Jenseits eine Sitzheizung – ein Mösen-Stöfchen? Islam kompakt – wohin mit der Autobombe? Gibt es das Fegefeuer mit Rußpartikelfilter? Sinnsuche: Was bringen Navigationssysteme? Wo komme ich an, wenn ich da »Gott« eintippe? Ich hab das probiert. Bei meinem Navi: In der Goethestraße.

Und damit sind wir wieder am Anfang. Der brennende Bruno auf dem Campo di Fiori war ein Rauchzeichen: Die Religionen können sich nicht gegen die Wissenschaften stemmen, wie es die Kirche jahrhundertelang getan hat. Irgendwann brechen die religiösen Gedankengebäude zusammen, wenn sie mit der Wissenschaft nicht in Einklang zu bringen sind. Religion

heißt Rückbindung, und gewisse Rückbindungen werden dann auch nicht mehr hinterfragt. Religion heißt:
»Das wär jetzt mal so.« Wenn Kinder spielen, fällt dieser Satz oft: »Das wär jetzt ...«, zum Beispiel: »Die
Matratze wär ein Haus.« Sie versinken im Spiel, und
für sie ist die Matratze tatsächlich ein Haus. Doch
irgendwann kommen die Eltern und sagen: »Ab in
die Heia!« Dann ist die Matratze plötzlich ein Bett –
das ist nicht schön. So sind die Wissenschaftler! Adam
und Eva, ab in die Mottenkiste, bestenfalls in den
Mythenkeller.

Das Verrückte ist: Ausgerechnet der Islam hat das
erkannt! Mohammed verkündete: »Jeder Moslem ist
verpflichtet, Wissen zu suchen.« Universitäten entstanden und die Wissenschaft erlebte eine große Blüte.
Doch dann kamen eines Tages diese Mullahs, Muftis
und Scharia-Spießer und verkündeten: »Nix da! Alles,
was ihr wissen müsst, steht im Koran.« Die Wissenschaftler sagen: Aus A folgt B. Die Mullahs sagen:
»Aus A folgt B, wenn Allah es will!« Ja, was will schon
Allah? Da können wir lange diskutieren. Folge: Jeder
fünfte Mensch auf der Welt ist Moslem, aber von 100
Wissenschaftlern bekennen sich nur zwei zum Islam.
Wenn die also, wie es die Kirche so lange mit Inbrunst
gemacht hat, Wissenschaftler auf dem Scheiterhaufen
verbrennen wollten, die Moslems hätten überhaupt
keine. Insofern ist die unterschwellige Angst vor dem
Islam heute in Wirklichkeit die Angst davor, dass uns
die Unterschicht überrollt. Uns erscheint der Islam
heute fälschlicherweise wie RTL2. Ein Deppensender
mit jeder Menge Action.

Der Buddhismus kommt uns hingegen vor wie

ARTE. Alle sind froh, dass es das gibt, aber keiner guckt. Und die katholische Kirche ist wie das ZDF. Viele alte Zuschauer und ab und zu auch was für die ganze Familie. Im Grunde genommen ist die katholische Kirche wie *Wetten dass ...?*. Das gibt es, glaube ich, auch schon genauso lange. Wir unterscheiden nur zwischen Gott-Vater und Gott-Schalk. Ein katholischer Moderator als Rauschgottengel und jede Menge Heilige aus der Showbranche auf der Couch. Und dann immer die Frage: Glauben Sie? Glauben Sie, dass er es schafft? Kann er alle Heiligen am Geschmack erkennen? Die Hochzeit bei Kanaa ist ein alter Hut. Aus Wasser Wein machen, das nennt man heute Schorle. Aber einen Hundenapf so schnell leer schlabbern wie eine Dogge, das grenzt an ein Wunder. Und wenn er es nicht schafft, geht Gottschalk als Nikolaus in den Puff – katholischer geht's nicht.

Hast du zum Küssen Gelegenheit,
Mensch dann geh ran mit Verwegenheit

Gibt es Gott? Der Gläubige sagt: »Ich glaub ja.« Der Atheist sagt: »Ich glaub nee.« Der Atheist ist ein Heide mit einer Bescheinigung vom Arzt. Der muss nicht zum Religionsunterricht. Daher kommt das Wort Attest. Er landet im großen Nichts ohne Wiedergeburt und ist damit ein Buddhist mit Abkürzung. Mich interessiert vor allem, was rauskommt, wenn man einen Atheisten mit einem Zeugen Jehovas kreuzt. Womöglich ein Mann, der völlig sinnlos bei Ihnen klingelt.

Am raffiniertesten ist der Agnostiker: »Ich hab keine Ahnung, ich nehm den Fifty-Fifty-Joker.« Er orientiert sich an Blaise Pascal, der damals meinte: »Ich mache eine Wette auf das ewige Leben. Wenn ich die Wette verliere, dann merk' ich es ja nicht.«

Vielleicht ist der rheinische Katholizismus ja gar nicht mal so verkehrt. Der nimmt Gott mehr so als seelische Hausratversicherung. Der Rheinländer glaubt an Gott, weil man den vielleicht noch mal gebrauchen kann. Damit man im Leben auch mal Mist bauen kann, der einem vergeben wird. Das ist so ein Deal mit Gott. Ich zahle brav meine Kirchensteuer, dafür darf ich ab und zu über die Stränge schlagen. Im Karneval, immerhin ein christlicher Brauch vor der Fastenzeit, ist das bereits angelegt, wie eines der bekanntesten Lieder beweist:

Trinke die Freude, denn heut ist heut
Das was gefreut, hat noch nie gereut
Fülle mit Leichtsinn dir den Pokal
Karneval Karneval
Hast du zum Küssen Gelegenheit
Mensch dann geh ran mit Verwegenheit
Sage nicht nein, wenn das Glück dir winkt
Bald das Finale erklingt
Am Achermittwoch ist alles vorbei ...

Text: HANS JONEN
Musik: JUPP SCHMITZ

Man kann den rheinischen Katholizismus im Grunde mit der folgenden kleinen Geschichte zusammenfassen, sie steht leider nicht in der Bibel, aber ich kümmere mich drum, dass sie noch reinkommt: Tünnes geht spät in der Nacht mit einem Gebetbuch in der Hand über die Rheinbrücke. Schääl macht sich Sorgen – was mag jetzt passieren? – und ruft:

»Tünnes, wo gehst du hin?«

»Ich geh in den Puff!«

»Warum hast du denn dann ein Gebetbuch dabei?«

»Vielleicht bleibe ich ja über Sonntag.«

Was ist Gott?

Da kommen wir Germanen wieder zum Zug. Das germanische Wort Guda – God – heißt: der Anrufbare. Und dazu passt ausgerechnet diese jiddische Geschichte: Der Rabbiner besucht den Papst zu Hause. Ihm fällt sofort ein grünes Telefon auf der Kommode auf.

»Was ist das denn?«, fragt der Rabbi.

»Ja«, sagt der Papst, »Spezialtelefon. Damit kann ich Gott anrufen.«

»Was?«

»Ja, probier mal, du wählst die Null und wirst direkt verbunden.«

Der Rabbi wählt die Null und quatscht darauf lebhaft und hochamüsiert auf Hebräisch mit dem lieben Gott. Er hat einen Riesenspaß und kriegt sich gar nicht mehr ein. Nach 20 Minuten legt er auf: »Donnerwetter! Tolle Sache! Papst, was kriegst du von mir?«

»Tja«, sagt der Papst und guckt auf den Zähler, »20.000 Euro.«

»Oh, das ist ja auch noch Geld. Na gut, Hauptsache, man hat mal gesprochen.« Er füllt einen Scheck aus und meint: »Kein Thema!«

Vier Wochen später besucht der Papst den Rabbi zu Hause. Was sieht er? Der Rabbi hat auch so ein Telefon da stehen.

»Was ist das denn?«

»Ja, ich kann jetzt auch Gott anrufen. Willst du mal probieren?«

»Ja, gerne.«

»Wähle die Null, und du hast ihn dran.«

Der Papst wählt die Null, und tatsächlich, Gott ist am Apparat: »Ja, wie sieht's aus? Was macht der Sohn? Immer noch nicht beim Friseur? Furchtbar. Was macht die Mutter? Immer noch Jungfrau? Schön.« 20 Minuten Smalltalk, dann legt er wieder auf und sagt: »Donnerwetter, Superempfang, ich bin begeistert. Was kriegst du von mir?«

Sagt der Rabbi: »Einen Euro, war ein Ortsgespräch!«

Die Juden sind nun mal näher dran, schließlich waren sie die ersten Abrahamiten. Wer aber schon die Zehn Gebote nicht flüssig auf die Reihe bekommt, fragt sich natürlich: Wie kommen die Juden mit 613 Geboten und Verboten für den Alltag zurecht? Daraufhin sagte mir einer verschmitzt: »Wir haben die besten Witze.«

Der verstorbene Vorsitzende des Zentralrats der Juden, Paul Spiegel, hatte einen Lieblingswitz. Vielleicht sollte ich den ihm zu Ehren hier erzählen: Im Warschauer Ghetto schleicht ein alter Jude des Nachts in seine ärmliche Behausung zurück. Plötzlich kommt aus der Dunkelheit ein SS-Mann und hält ihm die Pistole vor die Brust: »Jude, ich knall dich ab! Ach, ich hab heute meinen guten Tag: Hier ist ein kleines Rätsel für dich, wenn du richtig rätst, lasse ich dich laufen. Ich habe ein Glasauge, das ist täuschend echt gemacht. Wenn du herausfindest, welches das ist, lasse ich dich laufen.«

Da guckt der Jude ihm eine Minute lang tief in die Augen und sagt: »Es ist das rechte.«

»Richtig«, sagt der Nazi und steckt die Pistole zurück. »Wie hast du das rausgekriegt?«

»Es guckt so menschlich.«

Immer wieder wird die Schreckensherrschaft der Nazis als Argument gegen den Atheismus angeführt, ebenso die Gräueltaten Stalins. Stalin genoss eine griechisch-orthodoxe christliche Schulbildung und verweigerte seiner Mutter den Wunsch, er möge Priester werden. Er war Atheist. Hitler war katholisch, ist nie aus der Kirche ausgetreten, fiel aber wohl irgendwann vom Glauben ab. Aber was beweist das? Hitler, Stalin und Saddam Hussein hatten Schnäuzer. Sollten wir deswegen Jean Pütz erschießen? Dass auf der Gürtelschnalle der Wehrmacht stand: »Wir kämpfen mit Gott«, beweist genauso wenig. Die offene Flanke zur

Spinnerei geht über die Grenzen des Glaubens hinaus. Fest steht, dass bis heute die meisten Kriege von christlichen Ländern ausgegangen sind, wenn auch nicht immer im Namen des Christentums. Ein Krieg im Namen des Atheismus ist allerdings nicht bekannt.

Da sich aber Humor und Religion dasselbe Prinzip teilen,
kann die Torte im Gesicht auch jederzeit zu einem Flugzeug im Hochhaus werden.

Und das unterscheidet Religion und Humor. Religion ist gefährlich. Sagen wir es so: Religion ohne Humor ist gefährlich. »Derjenige verdient es, ins Paradies zu kommen, der seine Freunde zum Lachen bringt.« (Koran)

Fundamentalismus und Humorlosigkeit

Mein Freund und Co-Autor dieses Buches, Dietmar Jacobs, war mit seinen beiden Töchtern (sechs und zwei Jahre alt) in Berlin. Bereits die kurze Taxifahrt ins Hotel scheiterte. »Nee, die Kleene kann ick nich mitnehmen. Die brauch ne Schaale.« Das zweite Taxi in der Schlange war ebenfalls tabu. »Ick hab keenen Sitz für die Kleene, dat jeht nich.« Dem dritten Taxifahrer versicherte der Vater, dass er das Kind anschnallen werde und die Verantwortung übernähme. »Nee, uff keenen Fall nehm ick die Kleene mit, nur die Große. Det is Jesetz.« Keine der zehn Taxen nahm sich des gestressten Vaters und der Kinder an, die drei mussten die Strecke zu Fuß bewältigen. Zurück in Köln stiegen die drei am Hauptbahnhof ins Taxi. Der Fahrer drehte sich grinsend um und meinte im breitesten Kölsch: »Für normal darf ich üch jo janit metnemme – ävver et hilf jo nix, de Pänz müsse jo no huss«, lachte und fuhr los. (Normal darf ich euch nicht mitnehmen, aber es hilft ja nichts, die Kinder müssen ja nach Hause.)

Natürlich sollten Kinder in Autos korrekt angeschnallt sein. Aber hier ist das Risiko nicht größer als die Fahrt in einem anderen öffentlichen Verkehrsmittel. Im Bus ist niemand angeschnallt, die meisten Fahrgäste sitzen nicht einmal. Man kann alles fundamentalistisch auslegen, die Scharia und die Straßenverkehrsordnung. Man kann es aber auch lassen und in den Mittelpunkt seines Handelns mit humorvoller Humanität den Menschen stellen – als Wesen, das lachen kann.

Angesichts des körperlichen und psychischen Nutzens von Gelächter ist es nicht verwunderlich, dass manche Wissenschaftler sich mit den Unterschieden zwischen Menschen beschäftigt haben, denen die lustige Seite des Lebens mehr oder weniger viel bedeutet. Besonders faszinierende Arbeiten auf diesem Gebiet stammen von dem Psychologen Vassilis Saroglou von der Université Catholique de Louvain in Belgien.

Nach Saroglous Überzeugung besteht zwischen religiösem Fundamentalismus und Humor eine natürliche Unverträglichkeit. Humor erfordert ein Gefühl des Spielerischen, die Freude an Widersprüchen. Religionen sind voller Widersprüche. Humor beinhaltet die Mischung von Elementen, die nicht zusammenpassen. Humor erfordert aber auch die Fähigkeit, Unsicherheit zu ertragen. Er bedroht die Autorität. Außerdem gehört zum Lachen ein Verlust der Selbstkontrolle und der Selbstdisziplin. All diese Elemente aber, so Saroglou, sind genaue Gegenpole zum religiösen Fundamentalismus. Dessen Anhänger, das haben wissenschaftliche Untersuchungen gezeigt, schätzen ernste Tätigkeiten mehr als Spielereien, Sicherheit mehr als Unsinniges, Selbstbeherrschung mehr als Impulsivität, Autorität mehr als Chaos.

So haben auch die Taxifahrer im preußischen Berlin die Sicherheit und die Autorität des Gesetzgebers an oberste Stelle gerückt und dafür die Humanität geopfert. Man könnte vom Beförderungsfundamentalismus sprechen, vielleicht aber auch einfach nur von Kleingeistigkeit, wie wir sie von vielen Religionsführern kennen. Manchen Erzbischof, Rabbi oder Mufti sähen wir lieber als Taxifahrer, doch dann würden wir sie genau an diesem Verhalten ausmachen. Der Kölner Taxifahrer hingegen erweist sich als Meister der Situationsethik. Er wäre als Erzbischof in fast jeder Stadt eine Verbesserung, auf jeden Fall aber in seiner eigenen.

Wie fast immer, wenn man in der Forschung einen Zusammenhang zwischen mehreren Faktoren nachgewiesen hat, so lassen sich Ursache und Wirkung auch hier nur schwer auseinanderhalten. Vielleicht führt ein schwach ausgeprägter Sinn für Humor zu fundamentalistisch-religiösen Überzeugungen. Vielleicht aber trifft auch Saroglous Hyphothese zu, und eine fundamentalistische Einstellung verhindert, dass man die lustigen Seiten des Lebens sieht.

So räumt der rheinische Katholizismus im Volksmund stets denen, die es mit dem Glauben nicht so genau nehmen, die größeren Chancen auf das Himmelreich ein als den frommen Fundamentalisten, »die Weihwasser pinkeln«: Ein Erzbischof und ein Taxifahrer stehen vor dem Himmelstor. Petrus lässt nur den Taxifahrer ein. Der Erzbischof ist entrüstet: »Mein ganzes Leben habe ich rechtschaffen von Gott gesprochen, und diesen verkehrssündigen und verwegenen Taxifahrer lässt du ein?« Da sagt Petrus mit weiser Stimme: »Mein lieber Freund, wenn du von Gott gesprochen hast, sind alle eingeschlafen. Aber wenn er gefahren ist, haben alle Fahrgäste gebetet!«

Ab jetzt nur noch lustig

Die plötzlich völlig andere Sicht der Dinge, dass durch risikofreudige Fahrweise mehr Menschen zum Beten gebracht werden als durch langweilige Gottesfürchtigkeit, erzeugt das Lachen. Auch Religion versucht eine andere Sicht der Dinge. Die Ersten – in diesem Fall der Erzbischof – werden die Letzten sein. Plötzlich hat die Jungfrau einen dicken Bauch. Plötzlich steht ein Toter wieder auf. Plötzlich ist noch Wein da. Der Mensch will einen Erlöser für Dinge, die er nicht selbst zuwege bringt. Einen spirituellen Flaschenöffner.

Wie ein Kind sich nicht selbst trösten kann, so kann sich auch kein Mensch selbst zum Lachen bringen. Man kann sich nicht selbst kitzeln, jedenfalls führt es nicht zum gewünschten Ergebnis. Grund ist mal wieder das menschliche Gehirn, diesmal das Kleinhirn. Es sagt die sensorischen Konsequenzen einer Bewegung vorher. Das Gehirn verrät die bevorstehende Bewegung unserer Hand just an die Körperpartie, die gekitzelt werden soll. Das ist gemein. Der Überraschungseffekt ist dahin – der aber stellt die Voraussetzung für das Funktionieren dar. Ein Witz funktioniert, weil man nicht weiß, wie er ausgeht.

Beim Leben fehlt diese Pointe bisweilen. Denn hinderlich, wie überall, ist der eig'ne Todesfall. Dass wir sterben müssen, ist keine Überraschung, vielleicht aber kommt der Witz danach. Plötzlich Fegefeuer. Plötzlich

Hölle. Herr Meisner, Sie auch hier? So ist auch zu erklären, warum das Wort »plötzlich« so oft in der Bibel auftaucht. Plötzlich teilte sich das Meer. Den Kitzel des Unvorhersehbaren braucht jeder Witz, jedes Gleichnis und jeder Mensch, von James Bond bis zur Doofnuss.

Vom Lachen in der Kirche

Der katholische Diakon Willibert Pauels tritt als »Bergische Jung« in nahezu allen rheinischen Karnevalssitzungen auf. Immer wieder muss er sich Vorwürfe gefallen lassen. Ein geweihter Diakon, der tauft, beerdigt, predigt, traut, mit Sakramenten hantiert und Aschenkreuze verteilt, könne nicht als Büttenredner durch volltrunkene Säle ziehen. Schließlich schreckt der Mann vor nichts zurück; weder kreischende Weiber einer Mädchensitzung noch für ihr unterirdisches Humorniveau bekannte Herrensitzungen können ihn bremsen. So muss er sich noch auf der Bühne rechtfertigen: »Wenn der Mensch lacht, ist er leicht wie ein Engel. Deshalb werden Engel mit Flügeln dargestellt, und nicht, weil sie Vögel sind. Das wäre ja auch schlecht bei Vogelgrippe – die Schlagzeile käme nicht gut: ›2000 Engel gekeult!‹ Das Wesen Gottes ist das Gegenteil von Schwermut, das Göttliche ist heiter, leicht von überfließendem Glück.« So viel poetischer Tiefgang ist auf Karnevalssitzungen normalerweise ein Straftatsbestand. Denn Karneval ist eine ernste Sache. In den Sälen kann nicht jeder machen, was er will. Darüber wacht ein Festkomitee wie im Vatikan die Glaubenskongregation. Aber Diakon Pauels weiß sich auf Prinzenproklamationen wie Pontifikalämtern stets in der Tradition von Pater Brown, der glaubte:

»Humor ist nichts anderes als eine Erschei-
nungsform der Religion – nur wer über den
Dingen steht, kann sie belächeln.«

Diakon

Dialekt

Dass ein Karnevals-Elferrat die zwölf Apostel dar-
stellt, nachdem Judas mit der Vereinskasse durch-
brannte und sich die Zahl auf elf reduzierte, ist nicht
überliefert. Die formale Ähnlichkeit von Bütt und
Kanzel indes verblüfft. Die alte lateinische Bezeich-
nung für Liturgie war theatrum sacrum – heiliges
Theater. Das erste Theater, in dem Kinder in ihrem
Leben lachen, heißt Kasperletheater. Dieser Kasperle
kommt von Kaspar, Melchior und Balthasar. Kirche
war früher für die einfachen Leute das einzige er-
schwingliche Bühnenprogramm, schließlich war freier
Eintritt. Bis heute. Unterhaltungskünstler wie Magier
verdanken ihren Zauberspruch der lateinischen Messe:

Hoc est corpus meum – das ist mein Leib. Wer verstand schon Latein? Die ungläubige Frage zur rätselhaften Wandlung war also berechtigt: Was macht der da für einen Hokuspokus?

Aber ohne Hokuspokus macht das ganze Leben keine Freude. Die evangelische Kirche hat sich von vielem Hokuspokus verabschiedet: Weihrauch, Heiligenverehrung, Mariechenkult. Die Gottesdienste sind nüchtern, vernünftig – und dementsprechend schlecht besucht. Wo in prunkvollen Hochämtern der Kirchenchor schmettert: »Liebster Jesu, wir sind hier, dich und dein Wort anzubeten ...«, singen die übersichtlichen evangelischen Gottesdienstbesucher: »Liebster Jesu, wir sind vier!«

Dass die Evangelisten aus dem asketischen Prediger Jesus einen begnadeten Zauberer machten, ist nur allzu verständlich. Schließlich muss sich der Gottessohn irgendwie von uns Norm-Gotteskindern unterscheiden. Und das Meer in zwei Hälften zu teilen hat nach ihm nun wirklich keiner mehr zustande gebracht. Versuche dieser Art hat es sehr wohl gegeben; einen beschrieb Robert Gernhardt:

> *Ich sprach nachts: Es werde Licht!*
> *Aber heller wurd' es nicht.*
> *Ich sprach: Wasser werde Wein!*
> *Doch das Wasser ließ dies sein.*
> *Ich sprach: Lahmer, Du kannst geh'n!*
> *Doch er blieb auf Krücken steh'n.*
> *Da ward auch dem Dümmsten klar,*
> *dass ich nicht der Heiland war.*

Wissenschaftlich betrachtet ist Lachen keineswegs eine lächerliche Petitesse. Herzhaftes Gelächter

- setzt körpereigene Glücksstoffe frei,
- wirkt gegen schlechte Laune und Depressionen,
- stärkt das Immunsystem und lindert allergische Reaktionen,
- regt die Durchblutung und Verdauung an,
- senkt die Produktion der Stresshormone Adrenalin und Cortisol und
- aktiviert mehr als 80 verschiedene Muskeln.

Da kommt kaum ein Medikament oder Sakrament gegen an.

Immer wieder gab es Versuche, das Lachen heilpädagogisch zu nutzen, etwa beim Lachyoga. Erfunden hat es Anfang der 1990er-Jahre der indische Arzt Madan Kataria. Inspiriert hat ihn der weltberühmte Selbstversuch des Amerikaners Norman Cousin, der sich durch systematisches Lachen von seinem Krebsleiden geheilt hat. Den Tod von der Schippe lachen statt totlachen, oder: Tumor ist, wenn man trotzdem lacht. 1995 startete der erste Lachclub in der indischen Metropole Mumbai, heute geht die Zahl weltweit in die Tausende. Witze erzählen ist aber nicht angesagt. Kombiniert mit Atemübungen schaut sich die Yogagruppe tief in die Augen. Irgendwann springt der Funke über, und die Ersten fangen an zu glucksen und zu kichern. Danach läuft alles wie von selbst, immer wieder kommt es zu heftigen Lachexplosionen. Bei den Teilnehmern hinterlässt so eine Lachstunde offenbar ein Gefühl tiefer Freude. Dr. Madan Kataria: »Wir lachen nicht, weil wir glücklich sind, sondern wir sind glücklich, weil wir lachen.« Vielleicht gibt

es eines Tages Comedy & Kabarett auf Kranken-
schein.

Warum aber lacht bei Gottesdiensten niemand, außer
vielleicht der Angebetete? Es wird nicht mal applau-
diert, und wenn, gibt es Schelte. Ich selbst besuchte
mit Freunden ein Pontifikalamt im Kölner Dom. Ein
mächtiger Kirchenchor gab alles, und die Gemeinde
brach in stürmischen Applaus aus. Der diensthabende
Kardinal Meisner mahnte sogleich mit zuckendem
Gesicht, die Hände seien im Gottesdienst nicht zum
Klatschen da, sondern zum Beten. Die Kölner gaben
ihm recht und – applaudierten.

Schluss mit lustig

Offenes schallendes Gelächter, womöglich mit Schenkelklopfen, ist heute jedoch im würdevollen, sakralen Raum einer Kathedrale ein Tabubruch. Warum eigentlich? Augustinus zum Beispiel interpretierte das Christentum mit dem gefolterten Schmerzensmann am Kreuz als Religion des Leidens. Die Christen sollten nicht lachen, sondern leidend herumlaufen. Ein bisschen anstrengend auf Dauer. Und Benedikt hat seinen Mönchen das Lachen sogar ganz verboten. Wem's gefällt – aber die gute Laune ist doch weg!

Völlig konträr dazu entwickelte sich im Mittelalter die Tradition des Narrenbischofs. Nach Weihnachten, meist am 28. Dezember, versammelten sich die niederen und mittleren Ränge des Klerus in der Kathedrale und stopften sich Brat- und Blutwürste unter den Rock, es wurde gefeiert, getanzt und gesoffen, man spielte Karten, steckte alte Schuhe in die Weihrauchfässer und zündete sie an. Der Ritt auf einem Esel in die Kirche, bei dem die Gemeinde statt »Amen« laut »Iih Aah« rief, war der Höhepunkt der Liturgie, bei der ein Narrenbischof gewählt wurde. Meistens ein Wahnsinniger, der in der Kirche von der Kanzel einen ganzen Tag sinnloses und verrücktes Zeug predigte. Das wurde später abgeschafft – außer in Köln. Wir haben einen solchen Bischof seit zwanzig Jahren.

Ab dem 14. Jahrhundert pflegte man das Osterlachen – risus paschalis (lat. risus: herzhaftes Lachen). Es war über Jahrhunderte fester Bestandteil des österlichen Brauchtums. Die Auferstehung, erklärt der Tübinger Theologe Karl-Josef Kuschel, lässt sich als »Ausdruck von Gottes Gelächter über den Tod« verstehen. Lachen und Liturgie müssten sich also keineswegs ausschließen. Auch wenn kirchliche Autoritäten heute in vielen Fragen »nicht den geringsten Spaß« verstünden und unter Christen mehr »gezittert und gezetert als gelacht wird«.

So finster war es im Mittelalter nicht. Die Prediger trieben es im Gottesdienst bunt und schrill. Karl Veitschegger schreibt in *Kirche konkret*: »Sie erzählten nicht nur harmlose Scherze und Schmunzelgeschichten, sondern machten die Kanzel häufig zur Bühne, wo sie ihr komödiantisches Talent voll auslebten. Grimassen schneidend, Haare raufend, Zunge zeigend, mit Händen und Füßen gestikulierend, gaben sie den Sieg Christi über Hölle, Tod und Teufel wie einen Bauernschwank zum Besten. Das Kirchenvolk brüllte auf, klopfte sich auf die Schenkel und rief nach Zugabe. Da ließ sich der ein oder andere Prediger dazu hinreißen, plötzlich wie eine Henne zu gackern, um dann aus der Kutte ein angeblich von ihm gelegtes Ei hervorzuzaubern. Welch Gegröle und Gekreische im weihrauchschwangeren Gotteshaus. Christus ist auferstanden, der Teufel hat nichts mehr zu lachen, und die Erlösten können sich vor Lachen kaum mehr halten!«

Wer wäre da nicht gerne dabei gewesen. Aber das Osterlachen rief schon früh Kritiker auf den Plan. Martin Luther, wie kann es anders sein, verurteilte die sakrale Satire als »närrisch lächerliches Geschwätz«.

Dabei gehört Geschwätz bis heute zum Kirchenalltag, allerdings ohne Humor.

»Außer der evangelischen Prominenz und den Vertretern der Aufklärung, für die nur das Vernünftige und Ernste in der Liturgie Platz hatte, gab es auch katholische Obrigkeiten, die gegen die mittelalterliche Ausgelassenheit einschritten«, schreibt Veitschegger. Im 18. und 19. Jahrhundert konnten Kirchgänger dann Lustiges nur noch sehr entschärft genießen: das »Ostermärlein«. Harmlose Episoden verursachten bestenfalls noch artiges Schmunzeln. Im 20. Jahrhundert ist dann schließlich den Gottesdienstbesuchern das Lachen vergangen: Es wurde ihnen von den Kirchenfürsten abgewöhnt. Dafür soll es aber im Himmel lustig werden. Es reicht, wenn Jesus verspricht: »Ihr werdet lachen!« (Lk 6, 21).

Im Großen und Ganzen Grau

Dabei gibt es hier auf Erden gleich mehrere Parallelen zwischen Humor und Religion. Eine besonders auffällige ist der Hang, Dinge radikal zu vereinfachen oder zu verkomplizieren. Evelyn Hamann fragt in der Rolle einer Paartherapeutin einen verklemmten Ehemann nach seiner Lieblingsfarbe. Jeder kennt Loriots Antwort: »Grau.« Nun folgen unzählige Nuancen, und am Ende der verwirrenden Odyssee durch die Spektralfarben steht der Satz: »Aber im Großen und Ganzen Grau.« Die berühmteste Vereinfachung mittels humorvoller Umdeutung der Aufgabenstellung hat es gleich zum globalen Sprichwort gebracht: das Ei des Kolumbus.

Seit wir einen »intellektuellen Papst« haben, fühlen sich immer mehr Priester be»mystikt«, mitzuhalten. Vor allem Meisners abstruse Auslegungen über die Dreifaltigkeit erinnern an Loriots Blau-Rot-Grün-Gelb-Grau mit einem Schuss Orange. Der Gottesdienstbesucher neben mir flüsterte ob der hochkomplizierten Beweiskette des Kirchenführers amüsiert: »Der spinnt.«

Dabei war Jesus in der detaillierten Ritenwelt der Juden eher der geniale Vereinfacher. »Es gibt nichts Gutes, außer man tut es«, heißt es bei Erich Kästner. Der Satz hätte auch von Zimmermanns Jupp singe Jung sein können, denn sein Vermächtnis ist simpel.

Rabbi Hillel, ein Zeitgenosse Jesu, drückte es so aus: »Was dir nicht lieb ist, das tue auch deinem Nächsten nicht. Das ist die ganze Tora.« Freilich braucht es dazu die Bibel nicht. Es tut zur Not auch die Straßenverkehrsordnung: »Jeder hat sich so zu verhalten, dass niemand mehr als den Umständen entsprechend belästigt oder gefährdet wird.« Wer danach lebt, bekommt hienieden keine Punkte im Sündenregister Flensburg und kommt obendrein in den Himmel.

Aber Religion soll trösten, und nichts tröstet mehr als Geschichten. Vergleichbare Situationen mit Happy End. Wenn man in verzweifelten Situationen mit der Suche nach dem Sinn nicht weiterkommt, ist wissenschaftlich immer auch der umgekehrte Weg erlaubt: die Suche nach dem Unsinn!

Humor ist, wenn man trotzdem lacht.
Philosophie ist, wenn man trotzdem denkt.
Religion ist, wenn man trotzdem stirbt.

Deshalb glaubt, was ihr wollt, aber treibt es nicht zu doll. Pfarrer Franz Meurer hat die multireligiöse Welt verkleinert direkt vor der Haustür. In den Kölner Arbeiterstadtteilen Höhenberg/Vingst und Kalk leben über 50 Nationen. Mädchen mit Kopftüchern spielen vor und in seiner Kirche und verlassen auch bei Schulgottesdiensten nicht den Altarraum.

Vielleicht werden die drei Monotheismen Shuttle, Scharia und Closed Shop im Bewusstsein der Bewohner einmal zu Lessings Ringen. Auf die Frage, wie eine »tolerante« Religion aussehen könnte, hat der famose Vertreter der Aufklärung und Pastorensohn Gott-

»Es geht mir allein um den Frieden im Viertel.« (Franz Meurer)

schalk Ephraim Lessing in seiner Ringparabel eine
Antwort gegeben. Ein Vater hat drei Söhne und einen
Ring, der die Kraft hat, seinen Träger Gott und den
Menschen wohlgefällig zu machen. Wer soll den Ring
erben? Dem Vater sind alle Söhne gleich lieb, so lässt
er zwei Kopien herstellen und gibt jedem Sohn einen
Ring als den wahren. Alle drei bemühen sich nun im
Glauben, den echten Ring zu besitzen, um eine Gott
und Menschen wohlgefällige Lebensführung, sodass
nie herausgefunden wird, wer eigentlich den wahren
bekommen hat.

Was sagt uns dat Janze? Der Ägyptologe Jan Assmann rät nach jahrzehntelanger Forschung: »Kommt
von der Vorstellung ab, im Besitz einer absoluten, in
geoffenbarten Schriften niedergelegten Wahrheit zu

sein. Aller Religionen sind gleich weit entfernt von der Wahrheit, die wir nie besitzen, nur anzielen können.« Franz Meurer kann es noch einfacher: »Alles, was wir über Gott sagen, ist falscher, als dass es richtig ist.«

Aber alte Vögel sind schwer zu rupfen. Und so hören wir uns an, was der alte Vogel pfeift, den wir »Heiliger Vater« nennen:

> *»Erst kommt die Freiheit, dann die*
> *Vernunft und dann noch das Geschenk des*
> *Glaubens.«*

Wer nun an dieser Reihenfolge nichts auszusetzen hat, aber statt des Glaubens lieber den würzigen und anmutigen Duft des Zweifels spürt, dem sei als Versöhnung zwischen Gläubigen und Ungläubigen empfohlen, sich an den dänischen Physiker und Nobelpreisträger Niels Bohr zu halten. Er besaß eine Skihütte und hängte sich dort ein Hufeisen über die Tür. Nahezu alle seine Gäste fragten verwundert: »Sie als Naturwissenschaftler glauben an so was?« »Nein«, antwortete Bohr, »natürlich glaube ich nicht daran. Aber man hat mir versichert, es wirkt auch dann, wenn man nicht dran glaubt!«

Eusi Erbstösser

»Das Leben ist ein Rohr! Was kommt dahinter – was davor?«

Den Satz konnte nur Eusi Erbstösser bringen. Eusi Erbstösser, ich weiß nicht, ob Sie den kennen. Der ist ja verschwunden. Seit sechs Jahren ist der weg. Sechs Jahre am Stück. Von einem Tag auf den anderen verschwunden. Mit seinem verbeulten R4-Kastenwagen. Und keine Sau weiß, wo der ist. Ein paar vermuten, er wär bei der Fremdenlegion gelandet und würde im Irak kämpfen, gegen wen und warum, weiß kein Schwein. Wieder andere vermuten, er wär als Eremit nach Indien gegangen.

Die meisten glauben, der hätte Steuerschulden und würde unter falschem Namen in Wesseling wohnen. Mit verändertem Gesicht. Das machen ja viele. Oder meinen Sie, die Einwohner von Wesseling wären freiwillig da? Aber es gibt Gesichter, die kann man gar nicht verändern. Und das von Eusi gehört dazu. Eusi Erbstösser! Der Eusi ist nämlich ein bisschen behindert. Also nicht schlimm, nur so 'n bisschen. Dem fehlen zwei Finger und ein Zeh. Beides an der linken Hand. Aber sonst ist der ganz normal.

Bis auf die religiöse Geschichte. Der Eusi hat sich immer schon total für Gott und Religion interessiert. Das ist in seiner Kindheit entstanden. Da hatten die

Erbstössers mal in Eusis Zimmer über seinem Bettchen einen Wasserrohrbruch. Und da ist an der Wand auf der Raufaser ein Wasserfleck entstanden, der von Weitem aussah wie eine Mutter Gottes mit Kind. Und von dem Tag an war dem Eusi klar, dass der Herr ihm ein Zeichen geben wollte. Er wusste nicht, welches, aber das war ihm auch egal. Der Eusi war sicher, dass er erwählt war, und hatte seitdem nur noch Religion im Kopf. Aber nur noch.

Wenn die anderen Fußball gespielt haben, hat er die Barbie-Puppen von seiner Schwester durch die Pfützen gezogen. Und hat gespielt, er würde die im Jordan taufen. Statt Auto-Quartett hat der sich ein Heiligen-Quartett gebastelt. Ehrlich: »Heiliger Blasius, 634 Jahre heilig, 12 Wunder vollbracht, hilft gegen Erkältungskrankheiten – Märtyrertod – Stich!«

Natürlich war der auch Messdiener. Und Eusi machte früher wirklich jede Messe mit. Vorabendmesse – Frühmesse – Spätmesse, Abendmesse – Nachtmesse – Möbelmesse – alles. Der war so begeisterter Messdiener, wenn die Mutter zu Hause die Kartoffeln auf den Tisch gestellt hat, ist der Eusi instinktiv auf die Knie gesunken und hat gebimmelt. Der hat zum Teil sein Messdiener-Gewand gar nicht mehr ausgezogen. Auch zu Hause nicht. Die Eltern waren sich da teilweise gar nicht mehr sicher: Ist das noch katholisch, oder ist das schon schwul?

Wobei sich der Eusi jetzt nicht nur für den katholischen Gott interessiert hat. Das war die Einstiegsdroge. Aber den interessierten einfach die großen Fragen der Menschheit. Das war oft furchtbar. Wenn wir als Jugendliche zusammen in der Kneipe waren beim Kölsch, da stand der auf einmal auf, stieg auf den Tisch und rief: »Halleluja, Freunde – wo kommen wir her? Wo gehen wir hin?« Und der Köbes rief: »Wo ihr herkommt, ist mir scheißegal, aber jetzt geht ihr nach draußen, hier ist Sperrstunde!«

Aber der Eusi wollte immer die großen Fragen der Menschheit klären. Und es war natürlich klar, was der Eusi beruflich machen wollte. Der wollte Priester werden. Aber sein Vater war Klempner und sagte direkt: »Nix, du übernimmst die Firma.« Und Eusi hat sich noch gewehrt: »Warum soll ich Klempner werden, wenn Gott mich ruft?« Und der Vater hat gesagt. »Weil du Gott dann 60 Euro Anfahrt berechnen kannst.« Und so musste der Eusi Klempner werden.

Aber dann hat er sich gesagt: »Alles ist ein Geborenwerden und Sterben, ein Werden und Vergehen. Trinkwasser und Abwasser. Alles ist ein Kreislauf. Und so gesehen ist Gott ja auch eine Art Klempner. Jede Religion ist eine Installation.« Und so hat der das durchgezogen und sich selbstständig gemacht. Mit seinem verbeulten R4-Kastenwagen, den der Vater schon abgeschrieben hatte. Aufschrift: »Eusebius Erbstösser – Gas – Wasser – Scheiße – Transzendenz«. So ist der rumgefahren. Immer obendrauf die Kupferrohre. Hintendrin die Boiler. Dazwischen Bücher über Gott und die Welt.

Und jedem Kunden, zu dem der gekommen ist, hat der immer drei Fragen gestellt: »Guten Tag, hier ist Klempnerei Erbstösser. Was ist der Sinn des Lebens? Was ist die Welt? Und wo ist das verstopfte Klo?«

Bis zu dem Tag, als Eusi abgehauen ist. Das war der 18.8.1999. Da hatte der einen Auftrag bei Mertens

Peter. Das ist ein alter Klassenkamerad. Da sollte der ein Rohr verlegen. Und Eusi war wieder beim Arbeiten. Und stellte sich wieder die Frage: »Was ist das Leben?« Bis er sich das Rohr genau angeguckt hat und plötzlich ausrief: »Ich hab die Lösung: Das Leben ist ein Rohr! Wir kommen aus dem Unendlichen, strömen durch das Leben hindurch und gehen wieder ins Unendliche! Das Leben ist ein Rohr! Wenn man drinsteckt, weiß man nicht, was ist dahinter und was ist davor! Das Rohr ist die Unterbrechung des Totseins. Wen das Nichtleben nicht ängstigt, kann auch das Leben nicht schrecken. Nieder mit den Muffen! Ich muss diese Erkenntnis in die Welt tragen!«

Und mit dem Satz hat der sich in seinen Kastenwagen gesetzt. Am 18.8.1999. Hat die Baustelle beim Mertens stehen lassen und ist weggefahren. Und ward nicht mehr gesehen.

Nur einmal hat der eine Postkarte in seine Stammkneipe geschickt. Mit einem Foto: er neben dem Dalai Lama, wo beide einen Siphon in der Hand halten. Im Hintergrund der Kasten-R4. Noch verbeulter. Hintendrauf stand mit dickem Handwerkerbleistift geschrieben: »Ich grüße an des Lebens Theke zu Hause mein Gesinde. Was selbst ich nie für möglich hielt, Tibeter lieben Linksgewinde.«

»Der spinnt, der Eusi«, haben se all gesagt. »Das Leben ist ein Rohr – ich glaub, et hakt! So 'n Quatsch.«

Aber Eusi hat das geglaubt, und der Glaube versetzt Berge. Und wir alle haben gerätselt, was der wohl dem Dalai Lama für die Anfahrt berechnet hat.

Eusi Erbstössers Heimkehr

Glauben Sie an Wunder? Ich schon. Seit neulich. Ich geh runter zum Franz an de Thek, und wissense, wer da steht, als wenn nix gewesen wär? Eusi Erbstösser! Nach neun Jahren am Stück! Parkt seinen Kasten-R4 mitten auf dem Trottoir, kommt einfach rein und sagt: »Tach, Männer!«, bestellt sich ein Kölsch, ein Kabänes alkoholfrei und ein Mettbrötchen mit doppelt Zwiebeln. So wie immer.

Ich war den ganzen Tag total verstört. Hat auch meine Frau direkt gemerkt.

Sagt die: »Was hast du denn?«

Ich sag: »Du glaubst nicht, was passiert ist.«

»Wat denn?«

»Eusi Erbstösser ist zurück.«

Sagt die: »Ne.«

Sag ich: »Doch.«

»Ne.«

»Doch.«

»Ne.«

»Doch.«

»Ne.«

»Doch.«

Wir haben oft solche Gespräche, meine Frau und ich. Oft stundenlang. Deshalb hält auch unsere Ehe schon so lang. Weil wir uns immer noch was zu sagen haben. Jedenfalls konnte meine Frau das auch nicht glauben.

»Und jetzt ist der wieder da.«

»Und?«

»Wie und?«

»Und?«, sagt meine Frau.

»Wie und?«, sag ich.

Sie sehen, wir haben viele Gesprächsthemen in der Ehe.

»Ja, und wie geht es Eusi jetzt?«, fragt meine Frau. »Wie sieht der aus?«

»Total verändert«, sag ich. »Der hat die Haare ganz kurz geschoren. Ganz kurz. Radikal kurz.«

Und alle an der Theke fragten direkt: »Eusi! Wie siehst du denn aus? Was ist mit deinen Haaren?« Sagt der: »Ich war in einer Gegend der Welt, wo man die traditionell rasiert.« Und alle: »Was? Du warst neun Jahre in Ostdeutschland?«

Nein, sagt Eusi, er wär in Indien, in China, in Japan,

172

in Südamerika, in Lank-Latum und in Island gewesen. »Lank-Latum liegt doch bei Meerbusch-Neuss.« Ja, er wollt eigentlich über Singapur, aber er hätt sich verfahren. Dann wär er über Euskirchen bis nach Tibet. »Nach Tibet? Alles mit dem Klempnerwagen?« »Ööh«, sagt er, er hätt allen Religionen der Welt en Boiler eingebaut. Und er wär jetzt Buddhist.

Ich sag: »Eusi, du bist Buddhist?«

»Ja«, sagt Eusi. »Der Buddhismus ist die beste Religion. Die kostet nix, die ist gesund, und daneben kann man noch andere haben.«

»Ne«, sagt der Jupp Pütz, der steht immer an der Theke, »Buddhismus, dat wär nix für mich. Mit der Wiedergeburt, das ist doch nur ein Trick, um mehr Grabsteine zu verkaufen.«

»Ach, ist doch egal«, sag ich. »Wir trinken erst mal ein Kölsch, darauf, dass Eusi zurück ist. Egal, welche Religion, Bier ist ja immer gleich.«

»Ne«, sagt Eusi, »Bier ist nicht gleich. Denn Bier kann auch Gott sein.«

»Was?«, rufen alle.

»Ja. Das hab ich im Irak gelernt. Im Pantheismus, der von der sunnitischen Seite des Islam vertreten wird, ist Gott in allen Dingen. Auch im Kölsch.«

»In meinem Kölsch ist Gott?«, fragt der Jupp.

»In jedem Ding und damit auch in jedem Bier«, sagt der Eusi.

»Wie? Auch im Alt?«, fragt der Manfred, der auch noch dazukommt.

»Auch im Alt.«

»Ne«, sagt der Walter, der gegenüber steht. »Wenn Gott im Alt ist, dann tret ich aus der Kirche aus.«

»Nein«, sagt der Eusi, »du kannst in der Kirche bleiben. Denn nach der christlichen Kirche ist Gott nicht in den Dingen an sich, sondern manifestiert sich durch eine Inkarnation. Er erscheint in der körperlichen Gestalt von Jesus, der durch das Brot symbolisiert wird. Das geht aber theologisch auch mit Kölsch. Wenn zwei Leute sich ein Kölsch teilen, dann geht Gott mit dem Kölsch in die beiden über, und man erlangt das Paradies.«

»Quatsch«, sagt der Manfred, »von einem halben Kölsch erlangt man kein Paradies. Dafür braucht man mindestens 30.«

»Ne«, sagt der Eusi, »das Paradies ist da, wenn man es sich vorstellt. Das sagt auch der Hinduismus.«

»Was?«, rufen wieder alle.

»Das hab ich in Indien gelernt«, sagt Eusi. »Im Hinduismus ist Gott nur eine Vorstellung des Menschen. Aber der Mensch ist zugleich auch nur eine Vorstellung von Gott.«

»Hä?«, sagen alle.

»Ja«, sagt der Eusi, »nach dem Hinduismus existiert nichts Materielles. Alle Materie, die wir sehen und fühlen, ist an sich nicht existent.«

»Aber wenn nichts existent ist«, sagt der Walter, »warum kostet dann der Liter Sprit trotzdem eins fünfzig? Wenn's den gar nicht gibt, das ist doch Beschiss.«

»Genau«, sagt der Jupp, »immer auf die Kleinen.«

»Ne«, sagt der Eusi. »Denn wir stellen uns ja alle das Gleiche vor. Und weil wir auch alle Vorstellungen sind, sind die Dinge für uns real. Aber das Kölsch ist nicht Gott, sondern nur ein Gedanke, den Gott hat, wenn er an ein Kölsch denkt. Die ganze Welt und wir alle sind nur ein Gedanke von Gott.«

»Ich weiß nicht«, sagt der Walter, »wenn alles nur ein Gedanke von Gott ist, wie viel Kölsch muss der sich vorgestellt haben, bevor ihm so was Beklopptes wie du eingefallen ist?«

Ich sag: »Eusi, wat machste denn jetzt, wat hasse denn so vor?«

»Och«, sagt der Eusi, »ich mach die Klempnerei zu.«

»Und wovon lebst du?«

»Ich bin doch Buddhist. Ich geh erst mal zum Sozialamt und lass mir rückwirkend die Rente aus den letzten zehn Leben auszahlen.«

»Ja«, sage ich, »aber was willst du denn jetzt machen?«

»Nichts wird rechts und links mich kränken, folge ich kühn dem rechten Pflug, wollte jemand anders denken, ist der Weg ja breit genug.«

»Hooh, ist das vom Dalai Lama?«, frage ich.

»Ne! Von Goethe«, sagt er, »ich glaube, der hat auch sein Abitur.«

Und dann nahm er wieder das Heinz-Erhardt-Reclam-Bändchen und zitierte: »Man muss sich eben jemand mieten, hat man selbst nicht genug Geist zu bieten«, trank noch zwei Wacholder, stellte sich auf den Tisch und verkündete wie ein Prophet im Popeline-Mantel: »Alle Menschen müssen einmal sterben – vielleicht sogar ich. Drum folge ich keinem Lehrer, ich denke auf eigene Rechnung. Wenn's sein muss, schwarz.« Sprach's und ging raus.

Da wusste ich, dass alles in Ordnung ist.

Bildnachweis